ANIMALES DE COMPAÑÍA

Los canarios

Heinz Schnoor
Veterinario

TIKAL

Dirección editorial: Isabel Ortiz
Texto: Heinz Schnoor
Fotografías: Shutterstock y Freepik.es
Revisión de texto: Carmen Blázquez
Maquetación: Estelle Talavera
Preimpresión: Natalia Rodríguez

© Susaeta Ediciones S.A.
  Tikal Ediciones
C/ Campezo, 13 - 28022 Madrid
Teléfono: 91 3009100
ediciones@susaeta.com

D.L.: M-2513-2025

ÍNDICE

NOCIONES DE CANARIOLOGÍA

ORIGEN E HISTORIA DE LOS CANARIOS

Nuestras diferentes razas de canarios se remontan en su totalidad a una única forma ancestral cuyo representante podemos ver y oír todavía hoy en las islas Canarias: el canario de monte *(Serinus canarius)*. El pájaro silvestre es más pequeño y delicado que sus parientes domesticados y su plumaje no es tan coloreado. El dibujo gris oscuro sobre el plumaje mate amarillo verdoso lo camufla excelentemente en los campos, arbustos y árboles de su patria. En febrero, al comenzar la primavera en las islas españolas, los machos de la especie marcan su territorio. Al igual que los demás pájaros cantores, se sirven para ello de su voz. El canto del canario de monte no es, ni mucho menos, tan sonoro y variado como el de nuestros canarios, pero resulta imposible ignorar su semejanza. Los pájaros silvestres, de 12-13 cm de tamaño, se cuentan, junto con el ruiseñor, entre los cantores mejor dotados de la tierra.

El canario de monte vive sobre todo en Tenerife y Gran Canaria, pero en la actualidad se le puede hallar aún a menudo en Hierro, Gomera y La Palma. Los paisajes de colinas, con sus espesos bosques de arbustos, matorrales y valles cubiertos de pastos, le ofrecen un espacio ideal para vivir. Los canarios silvestres aparecen en bandadas durante los meses de la cosecha en prados, malezas y huertos frutales, como ocurre entre nosotros con los gorriones y los verderones. Los pájaros jóvenes son especialmente sociables y más viajeros que los ejemplares viejos, y vuelan durante el día de un parque a otro para recoger los mejores bocados. Su principal alimento a lo largo del año se compone de las semillas de las distintas hierbas; en verano y otoño comen adicionalmente bayas y fruta, y en primavera les encanta picotear en los capullos de las flores.

Las bandadas se disgregan durante los suavísimos meses de invierno de las islas Canarias. Las parejas que han criado a sus pollos permanecen en las cercanías de sus antiguos nidos durante estas semanas, a fin de que los rivales no ocupen su lugar de origen. Los pájaros jóvenes han superado su primera muda y visten su plumaje adulto. En esta época buscan también los lugares apropiados para el empolle, que deben cumplir diversos requisitos, uno de los cuales es la existencia de una atalaya para el canto (una rama saliente a 2-3 m de altura), desde donde el macho puede determinar los límites de su territorio; otro, la proximidad de maleza espesa adecuada para la construcción del nido.

A partir de febrero, los machos no se soportan mutuamente. Cuando no les basta su canto –que dejan oír desde el amanecer hasta la puesta del sol– para expulsar a sus rivales, se producen luchas a picotazos y furiosos vuelos de persecución. Las hembras, sin dejarse distraer por ello, inician ahora la construcción del nido. Entrelazando hierbas, musgo, ramitas, plumas y hojas secas fabrican un nido en forma de escudilla donde ponen de tres a cinco huevos. El macho anima a la hembra con su canto, pero no participa en la nidificación. La hembra no comienza a incubar hasta haber completado la puesta. A partir de ese momento, es alimentada por el macho para no verse obligada a abandonar el nido demasiado a menudo. Los polluelos eclosionan simultáneamente al cabo de 13-14 días.

Los alimenta sobre todo la hembra, que recibe a su vez del macho gran parte de su alimento. Durante la crianza de sus pollos, los canarios necesitan, además de la dieta vegetal, proteínas animales. En el menú aparecen ahora pulgones, escarabajos, larvas y hormigas.

Cuando los jóvenes canarios abandonan el nido, siguen dependiendo aún unos diez días de sus padres. Como la madre comienza ya en ese tiempo con la segunda puesta, es el padre el que se encarga de la alimentación de los pequeños. Además, enseña a los pollos a comer por su cuenta y salir en busca de comida. En veranos muy secos, los canarios tienen solamente una o dos nidadas. En cambio, cuando las lluvias alargan la temporada, una sola pareja consigue criar hasta quince polluelos en tres puestas.

El canto del macho estimula a la hembra del canario a nidificar.

DE OBJETO DE CAZA A PÁJARO DOMÉSTICO

Cuando los españoles iniciaron la conquista de las islas Canarias, en 1474, les debió de llamar la atención el maravilloso canto del pequeño canario de monte. Sin embargo, no fueron los primeros en apreciarlo. Al adentrarse en las islas, los conquistadores encontraron muchos de estos pájaros en las jaulas de los nativos.

No se sabe si estos primeros canarios se criaban ya o se cazaban de nuevo en cada ocasión. Pero sí es seguro que, en sus viajes de vuelta, los marinos españoles llevaban a su patria canarios de monte verdeamarillos y los regalaban o vendían a precios elevados como rarezas preciadas. Los primeros en lograr su cría en España fueron algunos religiosos, que conseguían así ingresos suplementarios para sus monasterios mediante la venta de crías. Como solo se desprendían de los machos, se hicieron con un monopolio comercial que pudieron mantener durante casi un siglo. En este intervalo, y a cambio de mucho dinero, se exportaron a Italia, Francia e Inglaterra buenos cantores que gozaron en esos países del mismo aprecio que en su patria y en España.

En 1550 aparecieron en Italia las primeras hembras. Es imposible reconstruir con seguridad cómo se llegó a la «ruptura del monopolio». La historia ha transmitido dos versiones. Según una, un buque mercante español de camino a Livorno se estrelló contra la costa de la isla de Elba. Tras llegar a salvo a la costa italiana, una parte de los canarios machos que se hallaban a bordo se apareó con hembras de verdecillo de Europa meridional (*Serinus serinus*), con el que están estrechamente emparentados. Los italianos cazaron estos pajarillos tan dotados

La cría sistemática convirtió a los poco vistosos canarios de monte en criaturas espléndidas que nos fascinan con su canto y su insólito ropaje de plumas. Este maravilloso milanés rizado pertenece a la clase de los llamados canarios de forma.

de España, en Italia, Francia, Holanda e Inglaterra. Esta pequeña criatura del sur de Europa había emprendido su marcha victoriosa en dirección al norte y fue ya imposible detener una carrera que haría de él el pájaro doméstico predilecto.

Al principio, el canario siguió siendo un artículo de lujo en Francia, Holanda e Inglaterra. Se le consideraba un valioso regalo para las damas de la corte, vivía en pajareras suntuosas y doradas, y fue para la gente sencilla un objeto inalcanzable, como lo había sido hasta entonces. Ahora, al criarlo en estos países, se prestó más atención a la forma y la postura, y no solo al canto.

Aquellas lujosas criaturas amantes del canto acabaron teniendo «tocados», como moños o plumas rizadas, aumentaron de tamaño y su cuello se alargó en algunas razas. Su voz, en cambio, no fue objeto de una especial educación, pues su trino melódico era suficiente para las damas aristocráticas. Ciertos nombres de razas, como la norwich (Inglaterra), el holandés del sur, el trompetero parisino o el bossu («giboso») belga recuerdan el origen de los canarios de postura o canto.

En Italia, en cambio, los criadores se dedicaron principalmente –sobre todo en el Tirol– al desarrollo del canto y de algunos colores especiales del pequeño canario de monte. Allí, este pájaro sin pretensiones se convirtió pronto en el animal doméstico de la gente corriente.

para el canto, los criaron y, de ese modo, el canario se pudo difundir pronto por todo el país. No obstante, es más probable que, entre las numerosas piezas destinadas al comercio, se vendiera por descuido de vez en cuando alguna hembra. Las diferencias sexuales externas entre canarios, tanto de monte como de cría, solo pueden ser apreciadas por criadores muy competentes. En manos de un criador experto, bastaba una hembra para iniciar una línea propia de crianza de canarios. Existe, en fin, la posibilidad de que algún criador sacara de contrabando una hembra fuera del país a cambio del correspondiente pago.

Sea como fuere, a finales del siglo XVI había ya canaricultores fuera

La mayoría de los tiroleses trabajaba entonces en la minería. Muchos mineros criaban canarios a modo de actividad adicional y atribuían un gran valor al canto y colorido de las aves. Como machos de crianza se empleaban únicamente los de voz más fuerte y sostenida y, en general, solo se criaba con los pájaros de colores más intensos. Los demás se vendían.

A medida que la minería tirolesa fue perdiendo rentabilidad y dejaron de abrirse nuevos pozos, los mineros emigraron con sus familias al norte. Allí, en las minas de plata del Harz, encontraron otra vez trabajo y, por tanto, nuevos medios de vida. Con los tiroleses llegaron también a Alemania sus canarios. Aquel pajarillo de hermoso canto no tardó tampoco en encontrar amigos en ese país y se inició su cría sistemática. El roller del Harz, o canario flauta, sin duda el mejor dotado y más conocido de todos los canarios cantores, es un logro de esos esfuerzos de crianza.

Es posible que, en un principio, los mineros se llevaran consigo a los pozos sus pájaros cantores con el fin de que endulzasen el triste trabajo con su canto incansable; en tal caso, no habrían tardado en darse cuenta de que aquellas aves se envenenaban con el monóxido de carbono mucho antes que las personas. Si un animal se hinchaba de pronto o caía muerto, los mineros abandonaban a toda prisa la galería, pues el incidente anunciaba un escape de monóxido de carbono, un gas altamente tóxico pero incoloro e inodoro. Más de un canario salvó así vidas humanas con su muerte. Los canarios «trabajan» aún en nuestros días como indicadores de escapes de gas en los tajos. Cuanto más suntuoso era el aspecto de los canarios –los roller del Harz mostraban ya entonces un color amarillo luminoso– y más variado y limpio el canto de los machos, más apreciados fueron como animales domésticos.

Cada vez son más los hogares que se adornan con una pequeña pajarera donde entona su canto un pájaro bien dotado, de colores o «rizado».

El canario más conocido es el canario flauta o roller del Harz, que recibió su nombre de la comarca alemana donde se crio y por los giros más destacados de su canto.

UN POCO DE BIOLOGÍA

El canario, como todas las aves, es un animal vertebrado de sangre caliente cuyo cuerpo aparece en gran parte cubierto de plumas. Tiene dos patas y sus dos extremidades anteriores se han transformado en alas a lo largo de la historia de la evolución.

Para poder volar, todas las aves deben presentar determinadas características corporales. Entre ellas están la forma aerodinámica del cuerpo y el correspondiente plumaje. Las plumas de las alas son, además, giratorias para poder controlar la velocidad y dirección del vuelo. Las aves pueden batir las alas, mantenerlas abiertas o apretarlas contra el cuerpo y, así, emprender el vuelo, aterrizar o deslizarse planeando por el aire. El plumaje y las alas no bastarían, sin embargo, por sí solos para permitir el vuelo. El conjunto del esqueleto de las aves es, desde luego, firme, pero de construcción extremadamente ligera, pues el interior de sus huesos es, en parte, hueco. De los potentes pulmones parten sacos de aire adicionales, unos tubos delgados y huecos situados entre los huesos y los músculos. Estos sacos aéreos se llenan al aspirar, con lo que el ave se «hincha». Las grandes cantidades de aire en el cuerpo, que le proporcionan impulso ascendente, los huesos ligeros que ahorran peso y la potente musculatura de las alas constituyen un conjunto que capacita al ave para el vuelo.

El canario, al igual que todos los animales de sangre caliente, regula autónomamente su temperatura corporal a unos 41 °C, con lo cual no está determinada por la temperatura exterior, como les ocurre a los animales poiquilotermos, de sangre fría.

Cuando hace calor, el aire que penetra en las sacas aéreas produce refrigeración. Además, al comprimir el plumaje, las aves pueden impedir que entre la piel y las plumas se crea una capa de aire termoaislante, pudiendo así desprender calor corporal. Las aves no sudan, pues no tienen glándulas sudoríparas como las personas. Evaporan humedad por el pico, que mantienen abierto cuando el calor es grande (se dice que «jadean»).

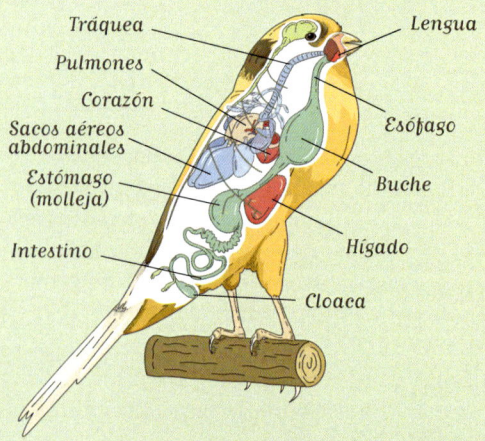

Representación esquemática del sistema de sacos aéreos de las aves.

El cuerpo de las aves está así mismo bien equipado contra el frío: al esponjar el plumaje, penetra mucho aire entre la piel y las plumas y estos cojines aéreos impiden que se ceda al exterior el calor corporal propio.

La temperatura corporal, relativamente alta, y la rápida actividad cardiaca de las aves consumen muchas calorías. El canario debe ingerir diariamente alrededor de un tercio del peso corporal a fin de disponer siempre de suficientes reservas energéticas.

Las diferencias en la forma del pico permiten reconocer en las aves el tipo de alimentación en que se ha especializado cada especie. Los canarios, clasificados en la gigantesca familia de los fringílidos, poseen un pico cónico y fuerte, ideal para quebrar granos de semillas. Los canarios disponen, además, de unos potentes músculos maxilares y un esófago extensible con buche donde pueden almacenarse las semillas recogidas, que, posteriormente, son trituradas en el estómago muscular, o molleja, con ayuda de piedrecillas.

Los canarios, al igual que la mayoría de sus parientes pertenecientes a la gran familia de los fringílidos, tienen un pico de forma cónica adaptado a la perfección para romper semillas.

A diferencia de los mamíferos, las aves disponen de una única salida para las excreciones de riñones e intestinos, es decir, para la orina y las heces. Ambos sistemas, el digestivo y el renal, desembocan en la cloaca. Las aves no tienen vejiga urinaria, lo cual les ahorra un peso adicional durante el vuelo.

Los dos riñones filtran la sangre, reabsorben bastante más agua que los de los mamíferos y liberan una orina semisólida. El componente normalmente blanco que vemos en sus heces es la orina. La cloaca es también, al mismo tiempo, el orificio sexual.

Los canarios poseen unos muslos potentes y cortos, un tarso muy flexible y cuatro dedos, el mayor de los cuales está dirigido hacia atrás. Esta disposición de los dedos de los pies les sirve para «aselarse» (aferrarse a las ramas), pues es ideal para abrazar ramas y ramitas. Al aferrarse a ellas, se retraen los tendones flexores y las vainas tendinosas de los dedos; el canario tendrá que utilizar la fuerza de sus músculos para soltar esta conexión antes de poder estirar los dedos. Cuando se posa distendido, los dedos aferran la rama. Por eso no se cae del árbol mientras duerme.

Los canarios no caminan como nosotros cuando se mueven por el suelo, sino que rebotan con la articulación del tarso y saltan hacia adelante con ambas patas a la vez.

Al igual que otras aves, los canarios disponen en sus patas de un llamado sentido vibratorio que les permite percibir hasta el mínimo movimiento del lugar de la naturaleza libre donde se hayan posado, que será casi siempre oscilante. Como, además, están capacitados para distinguir entre movimientos «hostiles» y naturales de la rama –causados, por ejemplo, por el viento–, el sentido vibratorio les sirve de señal de alerta previa.

Cualquier ser que se mueva tan deprisa como un pájaro y flote libremente en el aire, necesitará, ante todo, un fantástico sentido del equilibrio, si no quiere accidentarse constantemente. En realidad, el sentido del equilibrio, cuya sede se halla en el oído interno, es uno de los mejor desarrollados de las aves. En el caso de los canarios les da también la posibilidad de balancearse cabeza abajo en ramitas muy delgadas sin peligro de desestabilización.

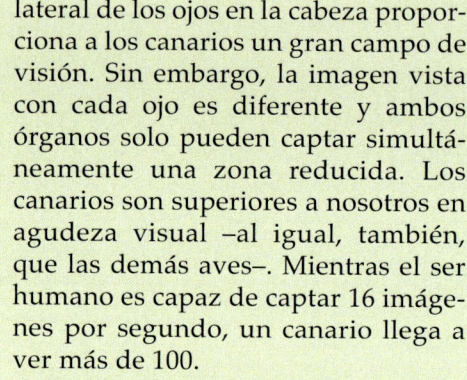

El sentido de la vista sigue en importancia al del equilibrio en las aves, que, al igual que nosotros, son «animales oculares». Las aves reciben a través de los ojos la mayor parte de su información sobre el entorno. Esta es, por otro lado, una de las razones de que los machos sean tan coloristas y bellos. Las aves ven los colores y pueden diferenciar, incluso, matices cromáticos mínimos. La disposición lateral de los ojos en la cabeza proporciona a los canarios un gran campo de visión. Sin embargo, la imagen vista con cada ojo es diferente y ambos órganos solo pueden captar simultáneamente una zona reducida. Los canarios son superiores a nosotros en agudeza visual –al igual, también, que las demás aves–. Mientras el ser humano es capaz de captar 16 imágenes por segundo, un canario llega a ver más de 100.

El oído de las aves es menos fino, al menos en comparación con el de muchos otros animales. Las aves pueden captar frecuencias entre 100 y 13.000 Hz, una amplitud de banda reducida si se piensa en la de los perros (hasta 40.000 Hz) o en la de las cobayas (hasta 35.000 Hz).

No obstante, los canarios tienen capacidad para diferenciar distintas secuencias sonoras y guardarlas en su memoria. Disponen además de un sentido del compás bien caracterizado. Gracias a él, un canario macho puede distinguir a otros en función de su canto, aunque no los haya visto nunca. Se sabe que los vecinos territoriales se habitúan unos a otros al cabo de unos pocos días. Pero, si un forastero que domina un canto idéntico se acerca a uno de los dos territorios, ambos machos, hasta entonces pacíficos, vuelven a mostrarse agresivos al momento. Los canarios pueden distinguir con claridad el canto propio y el del vecino de algo

que a nuestros oídos suena como una misma melodía.

Su sentido del olfato está, en cambio, muy débilmente desarrollado. La mayoría de las aves carece de una característica olorosa propia, que, de todos modos, sería superflua, pues no les permitiría reconocerse mutuamente.

El sentido del gusto decide sobre el carácter grato o desagradable de una comida. Los canarios prueban alimentos desconocidos cuando resultan comestibles «a la vista». Luego, deciden si la novedad es apropiada o inadecuada.

Este canario macho canta, como todos los de su especie, para estimular a la hembra a nidificar e incubar.

El famoso canto de los canarios, que dominan, aunque no de manera tan perfecta, todos los canarios de monte no criados, desempeña una función decisiva en la vida y reproducción de estos pájaros. El órgano de la voz no se asienta en la laringe, sino en el punto donde la tráquea se bifurca en los bronquios. El lugar de la bifurcación se denomina siringe. Con el aire espirado, una membrana finísima situada en la cara interior de la siringe comienza a vibrar, produciendo sonidos.

Las hembras podrían también cantar por su disposición corporal, pero esto ocurre solo en muy raras ocasiones. Esa es la razón de que en la práctica se críe únicamente a los machos como pájaros domésticos.

LOS CANARIOS DE MONTE EN LA NATURALEZA

La mayoría de las hembras de canario se limita a gorjear, pues el desencadenante del canto sostenido de los machos es la hormona sexual. La importancia fundamental del canto en la vida sexual de estos pájaros se aprecia sobre todo al observar su ritmo diario en condiciones de libertad. Este pequeño pájaro necesita, según vemos, mucha energía para regular su temperatura corporal y compensar el consumo de calorías en el vuelo y otros movimientos. Los canarios no ven de noche y, por tanto, solo pueden salir en busca de comida con luz diurna. Cada mañana comienza, pues, con una toma de alimentos. Solo cuando se hayan repuesto las reservas energéticas consumidas durante la noche, podrá dedicarse el pájaro al aseo corporal, del que forman parte generosos baños de agua o polvo. Los canarios se sienten como peces en el agua; si tienen posibilidad de hacerlo, se bañan de dos a tres veces al día. Empapan todo su plumaje y, a continuación, vuelan a algún puesto elevado y aireado. Allí se sacuden con fuerza para hacer que las pesadas gotas salgan despedidas de las plumas y, a continuación, repasan con su pico una pluma tras otra. De ese modo se desprenden de parásitos, polvo, suciedad y grasa. También se retocan los pies con el pico, mordisqueando con precaución las escamas a fin de detectar la presencia de ácaros y otros parásitos. El canario se arregla la cabeza con uno de los pies, casi siempre el derecho. Sirviéndose de los dedos pueden retirar también hábilmente la suciedad del borde de los ojos y rascarse.

El pico se lo «lavan» por lo general en ramas o piedras. Los pájaros lo limpian raspándolo constantemente. Al aseo corporal le sigue, en el ritmo normal cotidiano, otra comida. La mayoría de los pájaros sestea en las horas del mediodía y sale de nuevo por la tarde en busca de alimentos. Poco antes del ocaso, vuelan a su territorio y se retiran luego a la seguridad del nido.

El ritmo anual está determinado, ante todo, por la duración de la luz diurna. Cuando, a partir de enero, los días se alargan y aumenta así el intervalo para la búsqueda de alimentos, se despiertan en los canarios «sentimientos primaverales». Las glándulas sexuales se activan en el macho y el ave aprovecha cualquier minuto libre para cantar. Este canto despierta a su vez en la hembra el instinto de nidificación. Cuanto más melódico, frecuente y largo sea el canto de un macho, tanto mayor será el celo constructor de su hembra. A medida que los días se prolongan y dejan a los pájaros cada vez más tiempo para buscar comida, los machos cantan con progresiva intensidad y acompañan con sus melodías el periodo de nidificación.

La luz y el calor rigen también el crecimiento de las plantas, por lo que el tiempo de incubación de los canarios coincide con la estación más rica en comida de la región en que viven. Mientras el macho no cesa de cantar, la hembra inicia la puesta. En general, son cuatro huevos por nidada, puestos en un periodo de 3-4 días.

Una vez puesto el último huevo, la hembra comienza a incubar. A partir de este momento será alimentada por el macho durante todo el periodo de incubación. Al canario no le queda ya tiempo libre para cantar, pues está ocupado casi el día entero en conseguir, además de su alimentación, la comida para la hembra que se halla empollando. Los pollos eclosionan al mismo tiempo en un nido en forma de escudilla, que, por lo común, suele estar construido entre matorrales espesos. Al principio, la madre calienta durante las veinticuatro horas del día a sus polluelos desnudos, ciegos y completamente desamparados, por lo que los primeros días depende por entero del macho. Los pollos de los canarios demuestran su hambre abriendo el pico desmesuradamente.

Los padres reconocen el borde amarillo del pico incluso con mala iluminación. La madre, que es alimentada a su vez por el macho, almacena semillas en el buche y regurgita en los pollos este alimento predigerido en cuanto abren el pico.

Lo normal entre los canarios de monte de las islas Canarias es de dos a tres nidadas. La frecuencia con que los pájaros incuban a lo largo de un año se guía por el tiempo atmosférico y la vegetación, que depende de él. En veranos sin lluvia o demasiado calurosos, solo se realizan una o dos incubaciones.

Al principio, los pollos volantones portan todavía su plumaje juvenil, que cambiarán más tarde, a una con sus padres, en el momento de la muda. La de los canarios tiene lugar a finales de

otoño. Los pájaros renuevan por entero su traje de plumas a lo largo de 50-100 días. La muda habrá concluido al llegar el invierno, con sus noches largas y su escasa oferta de comida. Entonces, los pájaros necesitan toda la breve luz diurna para buscar alimento. El instinto sexual no volverá a excitarse hasta que el invierno haya sobrepasado su punto culminante y los días se alarguen. Entonces, los machos aparecen ante sus parejas con un plumaje impecable y nuevo.

Los pollos son alimentados por los padres incluso después de haber abandonado el nido.

LA COMPRA DE UN CANARIO

CONSIDERACIONES PREVIAS A LA COMPRA

Antes de decidirse a comprar un canario, deberá pensar si es adecuado para usted, su familia o sus costumbres. El canto de un macho de canario es melódico y estimulante, pero puede sacarle también de sus casillas, si dispone de poco espacio y no puede retirarse a otra habitación. En efecto, no es posible desconectar un pájaro como se desconectaría una radio. Por tanto, deberá contar con los trinos de su cantor incluso en momentos inadecuados.

El canario es, sin duda, uno de los pájaros domésticos menos exigentes, pero hasta él da también trabajo y cuesta dinero, si se le mantiene bien. ¿Cuenta usted con tiempo para dedicárselo a diario? ¿O tendrá que llevar una existencia solitaria, permaneciendo casi siempre solo en su pajarera? ¿Están dispuestos sus vecinos o amigos a cuidar del pájaro durante sus vacaciones? ¿O conoce, quizá, al propietario de una tienda de animales o a un criador que cuide de él en su ausencia?

No obstante, considerando todas las circunstancias, el canario es un compañero «más cómodo» que otros animales domésticos: no molesta a los vecinos, pues no es ruidoso, no entra en la categoría de animales domésticos para los que se debe pedir licencia y, por tanto, no hay por qué ponerlo en conocimiento del casero. No plantea grandes exigencias de cuidado y alimentación, es robusto y apenas enferma. Por tanto, si se le concede lo poco que exige, es un compañero ideal.

Ahora bien, si, tras haber madurado su reflexión, ha optado por un canario, tendrá que determinar cuál desea: ¿deberá ser un perfecto cantor, o habrá de tener los colores más refinados? ¿Prefiere un pájaro gigante, uno enano o uno de postura? Me gustaría insistir aquí, una vez más, en el hecho de que todas las razas son canoras. Las diferencias condicionadas por la raza solo se dan en lo relativo a la pureza, intensidad y variedad estrófica del canto. El capítulo «Líneas de crianza y razas» , al final del libro, le proporcionará una pequeña ayuda para tomar su decisión. En él se describen con más detalle algunos representantes de los canarios de canto, color y postura. Las exposiciones de canarios, que se celebran casi en todas partes, sirven también para conocer las razas. Observe despacio una de esas exposiciones antes de decidirse por una concreta. El canario es tan poco apropiado como cualquier otro animal como regalo sorpresa. Solo debe regalar un animal así si sabe con precisión que

alguien desea un cantor de esas características. E, incluso en tal caso, sería mejor un vale, pues la elección entre la gran cantidad de líneas de crianza y razas resulta muy difícil. Para terminar, piense también que los canarios pueden llegar a hacerse muy viejos; se han alcanzado edades máximas de hasta 20 años. Se trata, indudablemente, de excepciones, pero su pájaro compartirá con usted por lo menos 10 años de su vida.

LOS CANARIOS Y OTROS ANIMALES DOMÉSTICOS

¿Tiene ya en casa otros animales domésticos, como perros, gatos y otras aves? El canario no se llevará bien con todos. Es raro que los perros causen complicaciones, mientras que, si ha de convivir con un gato, la compra de un pájaro se deberá meditar con mucho detenimiento. Aunque la jaula se halle fuera del alcance de sus garras o cuelgue del techo, el hecho de permanecer en una habitación junto con un gato implica tensión para cualquier pájaro. La posibilidad de dejarle volar libremente con regularidad solo existirá cuando el gato se encuentre en otra habitación. Tampoco está garantizada siempre la compatibilidad con otros pájaros, al menos en una jaula. Los periquitos y los canarios se toleran, normalmente, aunque casi nunca traben amistad. Los papagayos o los loros, en cambio, atacan con agresi-

vidad al intruso en la mayoría de los casos. Piense que el pico curvado de los loros es un arma poderosa y afilada como un cuchillo, contra la que los canarios no pueden defenderse. En libertad, escapa del enemigo huyendo, pero en la jaula no cuenta con tal posibilidad.

Los animales menores, como cobayas, conejos o hámsters, no suelen prestar casi nunca atención al recién llegado.

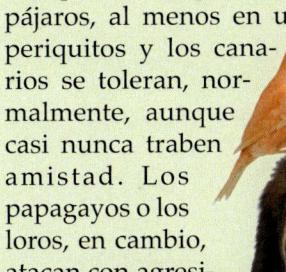

¿UN PÁJARO O VARIOS?

Si posee ya un canario macho, es recomendable que no lo junte con otro. Dos machos en una jaula pequeña pelearían constantemente y se debilitarían el uno al otro hasta que el inferior perdiera la vida. En las grandes pajareras, en cambio, podrá mantener varios machos, pues cada uno de ellos tendrá la posibilidad de delimitar allí su propio territorio.

Una pareja se puede mantener, por supuesto, sin complicaciones, pero entonces deberá contar con la descendencia. Cuando se tiene una pareja, el canto del macho se limita por lo regular a los periodos de incubación; en cambio, un macho solo canta a lo largo de casi todo el año. Sin embargo, dos canarios pueden proporcionar muchas alegrías. En las familias que pasan la mayor parte del día fuera de casa, recomiendo que se tengan por lo menos dos pájaros, pues uno solo se abatiría sin nadie a quien dirigirse.

Un macho solitario se convertirá pronto en un animal dócil, se acostumbrará a la voz de su cuidador y lo saludará. Con alguna golosina se le podrá atraer a la mano y su canto, dedicado ahora al ser humano, será motivo de grandes alegrías.

CRITERIOS DE SELECCIÓN

La mayoría de las personas quiere tener un canario porque canta. Sin embargo, solo los machos poseen este don, mientras que las hembras se limitan a gorjear, en el mejor de los casos. Únicamente los conocedores muy entendidos logran distinguir externamente los sexos. Esa diferencia solo se muestra, además, durante el celo; si asimos al macho y soplamos con cuidado para separar el plumaje de la cloaca, observaremos que el canario presenta una cloaca engrosada y prominente, como un apéndice proyectado hacia adelante. Si se observa a la hembra y al macho juntos sobre un aseladero se podrá reconocer también a esta, con un poco de suerte, por su postura con las patas un poco más abiertas.

EL MOMENTO ADECUADO

La característica más segura para reconocer a un macho es el canto. Dado que los canarios jóvenes no comienzan a cantar hasta el final del verano y que también los machos adultos retoman el canto tras el periodo de muda, al acabar la estación estival, deberíamos comprar el pájaro en otoño o principios del invierno.

Durante ese tiempo, usted mismo podrá decidir cuál es el canto que más le agrada. Es también entonces cuando los colores de los canarios de color brillan con mayor intensidad. Y, sobre todo, si quiere tener un animal joven –el periodo de incubación comienza en enero/febrero–, este será el momento con mejores posibilidades para adquirirlo. También es muy difícil comprobar por el aspecto externo si un canario es joven y hasta qué punto lo es. En efecto, los pájaros jóvenes se asemejan a sus padres en cuanto han dejado atrás su primera muda.

El signo de identificación más seguro es el anillo insertado en la pata de los pájaros durante su primera semana de vida. Más tarde resulta imposible introducírselo, con lo cual se evitan las falsificaciones. El anillo indica el año de nacimiento o de anillaje, junto al nombre del criador y/o el número de la asociación.

Un anillo abierto no es garantía contra las falsificaciones, pues puede ser regrabado siempre que se desee y solo sirve como señal de reconocimiento para identificar un animal.

A diferencia de los papagayos y los loros, no es preceptivo anillar los canarios. Así pues, podremos comprar también un pájaro no anillado. No obstante, los criadores registrados suministran todas sus crías con anillos cerrados.

CRIADORES, TIENDAS DE ANIMALES Y ANUNCIOS DE PRENSA

No es siempre fácil encontrar un criador. Pueden consultarse publicaciones o páginas especializadas, o bien pedir consejo en alguna asociación ornitológica o de canaricultura.

Finalmente, muchos criadores ofrecen sus ejemplares mediante anuncios por internet o bien en revistas especializadas. Los anuncios en plataformas permiten también adquirir o vender un canario de particular a particular.

Sin embargo, la mayoría de los dueños de canarios compra su primer pájaro en tiendas de animales, lo cual tiene grandes ventajas. Por un lado, la oferta es amplia y, generalmente, los animales están separados por sexos en jaulas distintas, de modo que se puede elegir entre varios machos comparándolos directamente. Si realiza su compra en una de estas tiendas, verá que los machos compiten con sus cantos y podrá decidir con calma cuál de ellos le convence más. La mayoría de los comerciantes ofrece también a sus clientes el servicio del cuidado en vacaciones; le harán, además, buenas sugerencias para el mantenimiento, alimentación y aseo, y podrá adquirir al mismo tiempo el equipo necesario.

EL CANARIO HA DE GOZAR DE BUENA SALUD

Dondequiera que compre su pájaro, procure en cualquier caso adquirir un animal sano. Los canarios sanos se posan en el aseladero, y no en el suelo. Además, tienen un plumaje liso, brillante y apretado. Siempre que las plumas aparezcan revueltas y el pájaro hinchado, será señal de una posible enfermedad. ¡Deseche un animal de esas características! Los ojos deberán ser claros y luminosos. Los canarios se muestran activos de día y solo duermen de noche y, a lo más, una hora al mediodía. Por tanto, si un pájaro está en la jaula con los ojos cerrados o la cabeza oculta en la nuca, puede ser que se halle enfermo.

Los pájaros de aspecto vivaz y despierto en el criadero, que no se distraen al comer por la presencia de un observador y se acicalan o cantan, tienen las mejores posibilidades de volverse pronto dóciles y confiados. Sin embargo, si un animal revolotea en la jaula de un lado para otro presa del pánico, es posible que no esté habituado a las personas y lo más seguro es que necesite algún tiempo hasta acostumbrarse a usted.

Por último, debería fijarse así mismo en las patas y pies de su futuro compañero de hogar. ¿Cómo son las escamas de las patas? ¿Están lisas y bien adheridas o muestran grietas o engrosamientos que no deberían aparecer en los pájaros jóvenes y sanos? ¿Tiene el pájaro uñas en los cuatro dedos? No es buena señal que las garras sean demasiado largas y que el pájaro se vea obligado a avanzar encorvado cuando camina o salta. Sería indicio de un mal mantenimiento y falta de aseo.

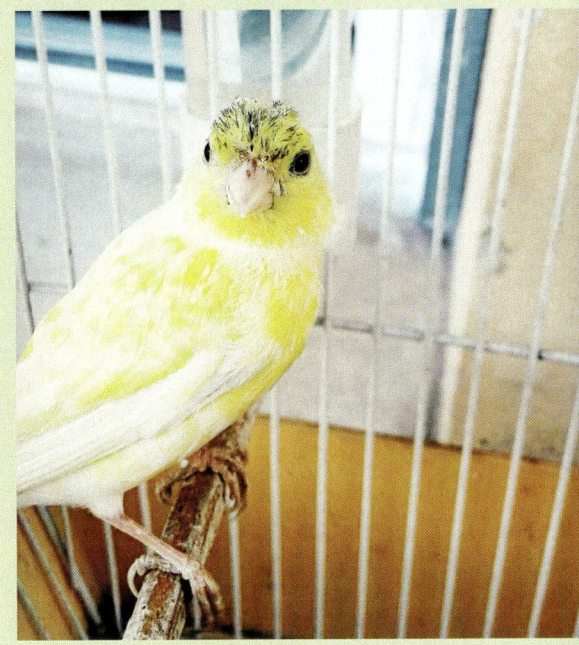

Si el criador o el vendedor le da la posibilidad de hacerlo, debería observar también la cloaca del pájaro. Tiene que estar limpia. Las costras, plumas adheridas o suciedad son señal de diarrea.

Solo si es usted mismo quien examina el canario, podrá prestar atención a su edad, salud y sexo.

Otro factor que se debe tener en cuenta en el caso de adquirir un ejemplar es que está prohibido el envío de animales por correo, salvo intercambio entre instituciones, como zoológicos o universidades, de modo que las entregas han de hacerse a mano y habrá que desplazarse al lugar del vendedor o viceversa.

El momento más favorable para comprar un canario es el final del verano, cuando los machos reanudan su canto tras la pausa de la muda. Tómese mucho tiempo para comparar tranquilamente los pájaros que le ofrece el vendedor.

EL TRANSPORTE A CASA

Por fin lo ha hecho: se ha decidido por un canario, ha realizado todos los preparativos y solo le falta tener con usted a su nuevo compañero.

La mejor opción para el transporte es un contenedor de madera cerrado y muy pequeño, con una rejilla para que vea y pueda respirar. Debería usted proveerse sin falta de una jaula de esas características en una tienda especializada, pues más tarde le facilitará también el transporte del pájaro al veterinario, una posible mudanza o un viaje.

En la tienda le ofrecerán, con toda probabilidad, una cajita de cartón para el camino a casa. Será apropiada para trayectos cortos, si dispone de agujeros de ventilación; en cambio, para un viaje más largo a su hogar, insista en conseguir una caja de madera.

No crea que el pájaro se sentirá mejor durante el transporte en una jaula grande. En la caja oscura y pequeña se mantendrá tranquilo y no intentará aletear. En la jaula, en cambio, tendrá mucho espacio y no tardará quizá en herirse si aletea debido a la excitación.

Si hace buen tiempo, podrá llevar la caja de transporte simplemente en la mano o en una bolsa que permita la entrada del aire, o colocarla en una cesta. ¡Por favor, no emplee en ningún caso una bolsa de plástico! En ella se puede producir una concentración de calor letal para el pájaro, o su muerte por asfixia.

Doy, además, por supuesto que hará lo posible por liberar al pájaro de su estrecha cárcel cuanto antes, llevando, por tanto, a casa a su nuevo compañero de vivienda por el camino más corto.

MANTENIMIENTO Y CUIDADOS

LA JAULA Y SU EQUIPAMIENTO

Su nuevo amigo necesitará un hogar propio para sentirse a gusto en su casa. Su nueva vivienda debería ofrecerle la posibilidad de retirarse cuando lo necesite; además, el canario habrá de sentirse resguardado en su interior. Aunque su pájaro pueda volar en libertad a diario, la jaula no deberá ser demasiado pequeña. Los canarios no trepan, sino que saltan y vuelan, y para ello necesitan espacio. Por tanto, la jaula debería tener unas dimensiones mínimas de 60 cm de ancho, 50 cm de alto y 40 cm de fondo. Los barrotes pueden ser transversales o longitudinales; al canario le es indiferente; se trata tan solo de una cuestión de gusto. Sí es importante, en cambio, que los barrotes de la jaula estén lo bastante juntos como para impedir que el pája-ro introduzca la cabeza entre ellos, pues puede ocurrir que después no pueda sacarla y, en tal caso, se convierta para él en una trampa mortal. Son materiales apropiados el acero fino o, incluso, el plástico, pues los canarios no roen.

Desaconsejo las jaulas lujosas de oro o plata, pues el metal refleja con demasiada intensidad el sol que cae sobre ellas, cegando al pájaro. Las formas fantasiosas para las jaulas agradan al ojo humano, pero al canario no le sirven de nada. Cualquier nicho, cualquier abombamiento artificioso significa para él, simplemente, menos espacio para saltar y volar. Las jaulas redondas no son tampoco apropiadas para guardar canarios, pues no ofrecen al animal rincones a donde retirarse y no le permiten tomarlos como puntos de orientación. La madera no es tampoco adecuada como material para la construcción de jaulas, pues retiene la humedad y es, por tanto, un lugar ideal de incubación de gérmenes patógenos.

MEDIDAS Y UBICACIÓN

Las jaulas cuadradas son las más adecuadas para canarios. La ideal sería una jaula en forma de caja, con paredes cerradas por tres lados. Su pequeño huésped se sentirá en ella más a resguardo que en las jaulas abiertas por los cuatro costados. Si la jaula no tiene paredes cerradas por detrás y a los lados, deberíamos colocarla en un rincón que proteja de las vistas y las corrientes al menos dos costados. El canario necesita, por supuesto, luz desde arriba y desde un lado. Así pues, si coloca la pajarera en un mueble, deberá procurar que tenga buena iluminación.

Cuanto mayor sea la jaula, más a gusto se sentirá su pájaro dentro de ella. Podrá sobrepasar, tranquilamente, las dimensiones mínimas de 60 x 50 x 40, pues no hay jaula demasiado grande. ¿Desea, tal vez, tener al pájaro en el balcón o la terraza durante el verano? Entonces, podrá elegir entre las diversas pajareras y jaulones a la venta. En tal caso, compre también únicamente una jaula cuadrangular. Si va a quedar completamente al aire libre, deberá disponer de un techo y, al menos, un lado con una pared fija que impida las corrientes (el lado abierto a la intemperie).

Si quiere mantener al pájaro en libertad durante todo el año, necesitará, además de la pajarera, una caseta de protección con posibilidades de calefacción e iluminación. Se pueden adquirir pajareras o alcahaces exteriores, con sus correspondientes casetas de refugio, pero usted mismo podría construir una con algo de habilidad. En ambos casos, es importante que el alcahaz esté protegido por un zócalo de unos 30 cm de altura o por un basamento de hormigón contra los ataques de ratas y ratones. También tiene especial importancia la protección contra depredadores mayores, como martas y gatos. Así pues, debería cercar la pajarera con una doble reja o con una valla de protección. La distancia entre barrotes deberá ser lo bastante estrecha para que no pueda introducirse ningún depredador.

Para terminar, un alcahaz de jardín necesita también una trampilla: una puerta doble por donde acceder sin que el pájaro pueda escapar.

Los criadores de canarios o los amigos de los pájaros que poseen varios animales los mantienen a veces en jaulones situados en el sótano. Se puede hacer así, si las paredes están secas y procuramos que haya suficiente luz y ventilación.

Sin embargo, por lo general, su canario compartirá la vivienda con usted. Determine la ubicación de la jaula antes incluso de llevar al pájaro a casa. Lo ideal es un lugar claro, sin radiación solar directa o demasiado intensa.

Por otra parte, debería tratarse de un sitio tranquilo que no se encuentre al lado mismo del televisor, el piano u otra fuente sonora. No obstante, el hogar del pájaro debe hallarse –sobre todo si desea un pájaro domesticado– en una habitación ocupada a menudo por usted para que su pequeño amigo disfrute también algo de su presencia. La altura ideal para la colocación de la

jaula es ligeramente por encima de los ojos estando usted de pie. Al igual que todas las aves, el canario se siente también más seguro si puede huir hacia arriba. Cuando le hable, mientras no se sienta familiarizado con el lugar, podrá retirarse a los saltadores más altos y observarle desde ese punto elevado. Pero también tendrá la oportunidad de colocarse a la altura de sus ojos en cuanto sea más dócil.

Una vez elegida la ubicación de la jaula, no debería cambiarla durante los primeros tiempos, para que el canario tenga la posibilidad de habituarse a ella.

INSTALACIÓN Y ACCESORIOS

Además de la forma, el tamaño y la situación del hogar del pájaro, la instalación de la jaula es también decisiva para el bienestar de su cantor. La puerta debería estar provista de un muelle cuya tensión la mantenga siempre cerrada. De lo contrario, podrá abrirse si el pájaro choca contra ella al volar.

Una buena jaula debería tener también trampillas adicionales para cambiar desde fuera la comida, el agua y el baño. Esto nos facilitará el trabajo y proporcionará al pájaro, además, la seguridad y el recogimiento necesarios.

Una jaula donde nos veamos precisados a revolver constantemente con la mano, resultará aterradora para un recién llegado, pues no se sentirá como en casa.

Al comprarla, procure también que posea una gaveta en el suelo y una chapa protectora de altura suficiente. De este modo podrá renovar con facilidad la arena y limpiar sin grandes molestias el suelo de la jaula. La chapa de protección impide al pájaro remover en sus vuelos arena, plumas y polvo del suelo de la jaula, o arrojar fuera la suciedad.

Los aseladeros deben ser ramas naturales o estar fabricados en madera blanda y han de tener diferentes grosores para que el canario se vea obligado a cerrar y abrir del todo los dedos, según los casos, para sostenerse sobre ellos. Las varillas de plástico no son

buenas dada su excesiva dureza y su falta de flexibilidad y provocan posiciones de presa forzada e, incluso, lesiones en los pies. Coloque los aseladeros de tal modo que el pájaro pueda saltar de rama en rama y tener así la posibilidad de cambiar de nivel en la jaula. Una de las varillas debería colocarse ante los comederos y bebederos y otra delante de la bañera. En una jaula espaciosa, los pájaros utilizan gustosos sus alas. No les prive, por tanto, de esa posibilidad colocando demasiadas varillas. Los aseladeros de madera de venta en los comercios se limpian sin problemas, mientras que las ramas naturales se ensucian con mayor rapidez debido a su superficie irregular y no son tampoco fáciles de desinfectar. Así pues, deberían cambiarse a menudo. Los aseladeros forrados de papel de lija son una relativa novedad en los comercios. Es bueno para los pies del pájaro colocar alguno que otro en la jaula; además, a los canarios les gusta aguzarse el pico en ellos. El papel de lija contribuye a «limar» las uñas de los canarios, que crecen ininterrumpidamente. Las ramas más gruesas, que el pájaro no puede abarcar del todo, sirven para el mismo fin.

Al elegir los comederos y bebederos, debe prestar atención, ante todo, a que su contenido no pueda mancharse de excrementos. Una jaula bien pensada dispondrá de comederos y bebederos instalables desde el exterior y protegidos de la suciedad que pueda caerles desde arriba. Todavía son mejores y más higiénicos los depósitos de comida y agua que se pueden introducir entre los barrotes. Estos tubitos adosados quedan por la parte de fuera y solo entra en la jaula la punta del depósito provista de una pequeña abertura. Estos suministradores de comida se reabastecen de manera autónoma, pues, a cada toma de semillas, resbalan hacia abajo las siguientes. No compre una jaula con comederos incorporados en el suelo. Los alimentos y el agua estarían constantemente sucios y, para cambiarlos, debería sacar siempre la gaveta de la base. Esto provoca inquietudes y tensiones innecesarias.

Una de las necesidades básicas del canario es el baño. Difícilmente habrá otro pájaro doméstico al que le guste chapotear tanto como a él. En una buena jaula estará prevista una abertura exclusiva para la bañera, que deberá contar, igualmente, con una cubierta de protección para los excrementos que puedan caer en ella.

LA ALIMENTACIÓN ADECUADA

Por su condición de granívoros, los canarios se alimentan principalmente de todo tipo de semillas. El pienso compuesto para canarios, de venta en los comercios, es muy apropiado como alimento básico. Por lo general se compone de alpiste, ajenuz, colza, cañamones, amapola, trigo, lechuga, linaza, mijo y avena pelada. Un canario sano . toma diariamente una cucharadita de café de estas semillas. Adicionalmente, se ofrecen en las tiendas una gran variedad de golosinas, desde palitos de pan, muy a propósito para los pájaros, pues tienen que esforzarse para picotearlos, hasta productos para ayudarles en el canto, la muda y el lustre del plumaje. No tema experimentar con estos extras; usted mismo se dará cuenta de cuáles son los preferidos por su pájaro. No obstante, no le dé demasiada comida —esto vale sobre todo para el panizo, muy apreciado por los canarios—, pues un pájaro sano no debe estar demasiado obeso.

Más importante que las golosinas es la dieta suplementaria fresca. A los canarios les gusta todo tipo de sustancias vegetales: verduras, fruta, ensaladas, brotes, hojas y renuevos. Aprecian como bocados especialmente exquisitos los pedacitos de manzana, el diente de león (flores y hojas), la hierba gallinera (que se puede cultivar todo el año en un tiesto), la lechuga, la espinaca y la col. Tenga en cuenta que las verduras y la lechuga no han de estar fumigadas y, con todo, se han de lavar bien antes de darlas a comer.

En primavera puede ofrecer a su canario ramitas tiernas con brotes, hojas y capullos de flor. Se sorprenderá ante el placer con que abandona su alimentación básica normal y picotea incluso la corteza tierna. En el periodo de incubación aprecia también plantas atacadas por el pulgón, que repasa sistemáticamente en busca de parásitos. También en este caso ha de procurar recolectar solo en lugares donde sepa que no se ha fumigado. Durante la muda, el pepino contribuye –con sus vitaminas, sustancias minerales y oliogoelementos– a que el cambio de plumas se desarrolle sin problemas. Como también los canarios tienen diferentes gustos, debería usted experimentar con los diversos tipos de frutas y verduras hasta descubrir lo que más le gusta y mejor le sienta a su cantor. Los canarios se lanzan con especial placer sobre las hierbas recién cortadas, aunque se trate solo de superficies de un par de centímetros cuadrados. Podrá, así mismo, hacer germinar granos para forraje en tiestos con tierra vegetal sin abonos y poner, luego, el tiesto en la jaula.

Los pájaros necesitan calcio para la osificación y el mantenimiento del plumaje; puede proporcionárselo ofreciéndoles calcita. El canario picoteará gustoso huesos de jibia; todos los canarios aprecian igualmente el grit (arenisca silícea que facilita la trituración de los alimentos en la molleja). Por último, la arena para pájaros que cubre el suelo de la jaula contiene gran cantidad de sustancias minerales, oligoelementos y calcio. Con todos los tipos de complementos alimenticios –y

también, por tanto, con los alimentos frescos– se ha de procurar no introducir demasiados cambios y no hacerlo nunca de repente, pues ambas prácticas pueden provocar diarreas graves.

También se puede complementar la dieta con alimentos blandos, copos de avena, preparados vitamínicos especiales y germinados. Los alimentos blandos contienen mucha proteína animal y son absolutamente necesarios durante la crianza de los pollos. Así pues, si quiere intentar practicar la cría de canarios, debería acostumbrar previamente a sus pájaros ofreciéndoles reiteradamente porciones mínimas. Atención: estos alimentos retienen humedad y se enmohecen rápidamente. Compre, por tanto, solo cantidades pequeñas y convénzase antes de su adquisición de que no está pasada la fecha de caducidad.

Usted mismo podrá elaborar la dieta de germinados introduciendo todo tipo de granos en los depósitos que se venden a tal fin. Los canarios sienten una especial predilección por las semillas germinadas de nabo, trigo y avena, pero no ofrezca a su pájaro cantidades excesivas y preste siempre atención al posible enmohecimiento. No dé nunca de comer al canario alimentos con moho, pues la consecuencia puede ser una enfermedad seria o, incluso, mortal. Quienes críen un canario de color, podrán mantener o reforzar su intensidad cromática con ayuda de la alimentación. El pájaro toma las sustancias para producir el color amarillo principalmente de las verduras. Los pájaros rojos mantienen el color de su plumaje si se les da de comer zanahoria o si se añaden a su dieta básica los llamados nutrientes para crianza con betacarotina.

Si no dispone de tiempo o no tiene posibilidad de garantizar a su pájaro un aporte vitamínico ofreciéndole a diario una dieta fresca, debería enriquecer con vitaminas al menos su agua de beber.

Muchos amigos de los canarios disfrutan teniendo a la mesa a su dócil compañero, que puede llegar incluso a solicitarnos comida. Desde el punto de vista del pájaro, es comprensible desear lo que, al parecer, sienta tan bien. Esto, sin embargo, no deja de implicar ciertos riesgos, pues los canarios no soportan la mayoría de los comestibles del hombre, aunque no les dañarán algunas migajas de pan o pastel, un trozo de fruta o, más raras veces, un pellizco de mantequilla o requesón. El estómago de los pájaros no soporta, en cambio, las comidas saladas o condimentadas con especias y, con el tiempo, deberá contar con que el hígado del canario pueda llegar a sufrir algún daño. Es mejor tener siempre dispuestas algunas golosinas apropiadas para los pájaros cuando su dócil amigo le solicite un bocado.

ANTE TODO, LIMPIEZA

Para que, a la larga, su cantor se sienta bien en su jaula, para que conserve la salud y para que usted mismo pueda disfrutar lo máximo posible con su compañero doméstico, deberá observar algunas reglas básicas.

La arena del suelo se ha de renovar dos veces por semana. A ella van a parar heces, cascabillo de los granos de pienso, plumón y polvo. Vacíe la gaveta del suelo de la jaula y retire con un raspador los restos de suciedad adheridos. En la mayoría de los casos le bastará con fregar a continuación la bandeja con agua caliente. Si emplea un producto de limpieza o un desinfectante, lo que por lo general será innecesario, deberá enjuagar a fondo con agua clara, para que su pájaro no ingiera restos de esas sustancias excesivamente fuertes al tragar arenillas. Los

comederos y bebederos deberán limpiarse también a fondo al menos una vez por semana. Si el agua es muy fuerte, será necesario descalcificar con regularidad el bebedero y la bañera. Utilice para ello únicamente vinagre y enjuague bien a continuación. Una vez por semana deberá limpiar con un paño húmedo los lados cerrados de la jaula, eliminando al mismo tiempo la suciedad de los barrotes. Aprovechando la ocasión, es preferible que retire las ramas naturales colocadas como aseladeros y las sustituya por otras nuevas. Los travesaños lisos y redondos que sirven al pájaro para posarse se pueden limpiar perfectamente de suciedad y heces con un estropajo metálico. Al hacer la limpieza, puede inspeccionar también el suelo, las paredes de la jaula, los aseladeros y los comederos o depósitos cilíndricos en busca de posibles agrietamientos, oxidación u otros defectos y, llegado el caso, sustituirlos.

EL ASEO

El propio canario preferirá encargarse de su aseo corporal, si le da la posibilidad de hacerlo. Para ello aguzará el pico en los listones de madera y, con ello, lo limpiará de adherencias; igualmente, utilizará gustoso para ese fin una piedra irregular colocada en el suelo. Las garras se desgastan también por sí solas, si el canario dispone de aseladeros de diversos gruesos, un suelo de arena y, quizá, incluso una rama basta o cubierta de papel de lija para afilarse las uñas. Por desgracia, a algunos pájaros les crecen tanto que les impiden caminar o hacen que se les atrofien los dedos. No es raro que los pájaros se cuelguen de los barrotes de la jaula con estas garras excesivamente largas y se hieran los pies o las patas. Usted mismo podrá recortar las uñas de su canario o, si no se atreve a hacerlo, encomendárselo al veterinario. Si lo hace por su cuenta, tome al pájaro con firmeza en una mano y empuje hacia adelante uno de sus pies con los dedos pulgar y anular de la misma. Sujételo entre los dedos con la firmeza necesaria para impedirle moverse. Si mantiene ahora el pie del pájaro contra la luz, verá transparentarse con claridad los vasos sanguíneos de las garras. Deberá cortar hasta ese punto, pero sin sobrepasarlo. Recorte las uñas al sesgo.

Es preferible utilizar una tijera de uñas. Si daña por descuido un vaso sanguíneo, podrá detener la hemorragia con un algodón hemostático. En raras ocasiones habrá que recortar una mitad del pico del canario que haya crecido de manera irregular. La causa de este defecto es casi siempre el choque del pájaro contra una ventana o un objeto similar. En ese caso, las dos mitades del pico, que coinciden siempre con exactitud, quedan desplazadas y una de ellas crece sin control. Como estas dos mitades desparejas son un impedimento para el pájaro en el momento de comer, es necesario recortarlas con regularidad. Déjese ayudar por un veterinario la primera vez que lo haga, pues solo él podrá mostrarle cómo se arregla correctamente el pico. También podrá recomendarle las tijeras adecuadas, pues el tejido córneo del pico es duro y se astilla con facilidad si no se corta de manera correcta.

La mayoría de los canarios se baña a diario, consiguiendo así que la suciedad no se adhiera al plumaje. Si, por casualidad, le ha caído en suerte un pájaro con miedo al agua o reacio a bañarse, deberá intervenir. Llene con agua tibia un vaporizador para flores y rocíe al pájaro a fondo. Cuando esté bien empapado, se sacudirá con fuerza y se limpiará seguidamente a fondo. Los animales enfermos o muy viejos suelen ser más descuidados con su aseo corporal y necesitan nuestra ayuda.

Si ve que la cloaca de su pájaro se adhiere o está cubierta de suciedad, saque a su pupilo de la jaula y limpie con cuidado las partes adheridas utilizando una esponja y agua tibia.

No obstante, el aseo del canario es, en general, muy fácil. Si presta un poco de atención a su higiene y le permite encargarse de su propio cuidado corporal, tendrá por mucho tiempo un compañero sano y un cantor siempre alegre.

Su propio canario realizará el aseo del plumaje, pero la limpieza regular de la jaula con todos sus utensilios es cosa de su dueño.

LA VIDA CON EL CANARIO

LA ADAPTACIÓN

Antes de soltar al cantor en su nueva morada, procure que en la jaula haya comida, agua y arena. Abra luego la puerta y sostenga la caja de transporte de modo que el orificio de salida coincida exactamente con la puerta abierta de la jaula y tenga entonces algo de paciencia.

No intente nunca agarrar al pájaro, que no podrá moverse en su estrecha caja; este sobresalto le dificultará la adaptación, pues relacionará enseguida la mala experiencia con su nuevo hogar. Tampoco necesitará ayuda, pues el recién llegado volará rápida y voluntariamente a la jaula. Como todas las aves diurnas, el canario se siente atraído por la luz.

Ahora, déjelo tranquilo. Necesitará unas horas para familiarizarse con la jaula, el entorno y su nueva situación.

Durante un tiempo, se posará en un travesaño y observará el panorama. Al final, el miedo dará paso a la curiosidad y el canario comprobará las posibilidades de saltar en la jaula; en una nueva fase acudirá a donde se halla la comida o el agua y, finalmente, gorjeará por primera vez con cierta vacilación. Durante este primer día, déjelo tranquilo en su nuevo hogar, a ser posible, y procure que pase también su primera noche sin ninguna molestia. Eso le dará confianza y, a la mañana siguiente, se mostrará ya mucho más seguro.

Si posee otro pájaro, no ponga, sin más, al nuevo con él de ninguna manera. El pájaro más viejo considerará al desconocido como un intruso en su territorio e intentará arrojarlo de él al instante; el recién llegado, tímido y desconocedor del medio, no tendrá contra él ninguna posibilidad.

Podrá, sin embargo, colocar a los dos pájaros en una jaula que les resulte igualmente desconocida. Así, antes de examinarse o hacerse la guerra, ambos deberán comenzar por orientarse. Pero aún es mejor que coloque dos jaulas contiguas, de modo que se produzca contacto visual y acústico. Cuando el recién llegado se haya adaptado, podrá dar a ambos la posibilidad de acercarse dejándolos volar en libertad.

En un primer momento, hay que mantener siempre lejos del recién llegado todo tipo de animales domésticos. En general, es válido el siguiente principio: cuanto menor sea la excitación, más rápida será la adaptación.

No obstante, habrá de transcurrir algún tiempo hasta que podamos disfrutar de la primera actuación musical. Pueden pasar de dos a tres semanas hasta que el cantor se sienta bien y busque en la jaula una atalaya desde donde hacer oír sus melodías. No se decepcione si acaso tarda más, pues, al igual que las personas, entre los pájaros hay también unos individuos decididos y otros más indecisos. Cuando su pájaro comience a cantar, podrá ya considerarse vencedor.

ASÍ SE DOMESTICA UN PÁJARO

Si no quiere disfrutar únicamente del canto del canario, sino buscar además en el pájaro un compañero que acuda a su dedo e inicie sus cantos cuando usted le silbe, que atienda a su nombre y considere su hombro como su lugar predilecto, deberá dedicarle mucho tiempo. No introduzca nunca la mano en la jaula. Ya sabe que la pajarera significa para él seguridad y amparo. Si el canario fuera presa del pánico, debido a un movimiento descomedido en el interior de sus cuatro paredes, el trastorno que habríamos provocado sería muy grande, aunque nuestro único deseo fuera atraerlo a nuestro dedo. La mejor manera de domesticar al pájaro consiste en ofrecerle la posibilidad de que acuda a nosotros. Los canarios son curiosos y ésa es una característica a la que puede sacar partido. Nada mejor para ello que el vuelo en libertad.

Siéntese tranquilamente en una silla o un sillón cuando su cantor emprenda sus recorridos, de modo que pueda considerarlo prácticamente parte del mobiliario. Háblele, pronuncie su nombre, sílbele siempre las mismas melodías, que se convertirán pronto para él en señales de reconocimiento, y no se mueva nunca con brusquedad mientras lo hace, sino siempre despacio y con calma.

Cuanto más regulares sean las horas de salida, antes se habituará también el pájaro a volver a su jaula con regularidad. Se trata de algo importante, dado que, en cuanto se haya alcanzado esta fase, podrá comenzar a atraerlo a su mano con alguna golosina. De momento, ya sabe desde hace tiempo cuál es el bocado que más le gusta, quizá un trozo de manzana o un bizcocho. Háblele y sílbele, como siempre, mientras mantiene la golosina en la mano bien a la vista, y ejercítese un poco en la virtud de la paciencia. El pájaro mirará curioso, inclinará la cabeza y parecerá estar meditando con gran intensidad. Luego, se aproximará cauteloso, salto a salto, a su bocado predilecto, a la voz familiar, a la persona conocida. La primera vez, deberá darle la oportunidad de apresar el bocado cerca de su mano. Si no sucede nada, la próxima vez actuará con más determinación, hasta atreverse por fin a posarse en su mano.

Los hombros y la cabeza son los siguientes puntos a donde le gusta volar a un canario domesticado. La repetición de los mismos sonidos le infunde confianza; pronto responderá a ellos y, finalmente, será el propio canario el que busque su compañía. Esta amistad se ahondará aún más si le da de vez en cuando una golosina. Si lo desea, puede ofrecerle ahora como territorio su vivienda entera, a condición de haber acondicionado todas las habitaciones para que el pájaro no pueda escapar.

No caiga por ningún motivo en la tentación de apresarlo con la mano o con un cazamariposas. El susto le hará olvidar su docilidad y, en el peor de los casos, tendrá que comenzar la domesticación desde el principio. Si, ahora que se ve libre, no quiere regresar a su jaula, espere al anochecer, pues en ese momento buscará espontáneamente sus cuatro paredes, donde se siente seguro.

En caso de necesidad, cuando, por ejemplo, tenga que acudir al veterinario con su pájaro, pida preferiblemente a un amigo o un vecino que se encargue de agarrarlo o cazarlo. De ese modo no asociará con usted el susto del apresamiento y seguirá confiando en su mano.

EL VUELO EN LIBERTAD Y SUS RIESGOS

Una vez habituado, deberá conceder sin falta a su canario la posibilidad de volar en libertad de manera regular, pues no solo necesita distracción, sino también la posibilidad de ejercitar su musculatura de vuelo. Sin embargo, se han de observar algunas normas de prudencia. El pájaro está, en efecto, habituado a su jaula, mientras que de la habitación solo conoce la parte que puede ver desde la jaula. Si usted no procura impedirlo, volará hacia la luz, y, por tanto, contra el cristal de la ventana, siguiendo su instinto. Para ello basta con que cuelgue de este punto más claro de la habitación un visillo o una cortina. Durante los primeros vuelos en libertad, las mesas de cristal deberían cubrirse con un mantel y los espejos con un paño. Por supuesto, no debe haber encendidas velas ni chimeneas, y en la cocina no debe haber fuegos conectados, pues el peligro de lesiones es demasiado grande. Es obvio que las ventanas deberán estar firmemente cerradas, y no solo entornadas, para que el pájaro no pueda escapar. También deberíamos cerrar la puerta de la habitación, pues, de momento, basta con que reconozca un solo cuarto. También tendremos que condenar las rendijas estrechas entre muebles o detrás de los mismos, pues, si el pájaro se introduce en ellas, será difícil sacarlo de nuevo. Y como un pájaro asustado se suele quedar casi siempre quieto, tampoco volverá a salir por su cuenta. Sitúe el primer vuelo en libertad antes del momento acostumbrado de la comida. Podrá incluso retirar tranquilamente el come-

dero y el bebedero una hora antes. De ese modo se asegurará de que el canario tenga hambre o sed al cabo de un rato y regrese voluntariamente a la jaula, con lo cual se ahorrará su apresamiento, desagradable para usted y para el animal.

El canario que ha aceptado su jaula vuelve a ella gustoso. Los primeros días, puede usted reforzar su iniciativa colgando de nuevo ostensiblemente su comedero y bebedero llenos mientras él permanece fuera. Como es natural, no deberá darle de comer durante su vuelo en libertad, al menos al principio.

Todavía tiene que pensar en una cosa más cuando deje volar libre a su pájaro: a los canarios les gustan todas las plantas verdes. Por tanto, si no quiere ver cada día recortadas o picotedas varias hojas tiernas, impídaselo desde el principio. Un movimiento brusco hacia la planta o un palmada bastan en la mayoría de los casos para darle un susto, y, tras unos pocos días, habrá comprendido que todos sus ataques a las plantas van seguidos de una experiencia desagradable. Procure, por lo demás, que haya en la jaula sufi-

ciente alimento verde, pues en tal caso no se verá forzado a calmar su apetito en los tiestos. El cantor aprovechará los primeros periodos de vuelo en libertad para buscar puntos ideales de observación, asentamiento y huida, conducta instintiva practicada por cualquier pájaro en un territorio nuevo. Una vez comprobadas las rutas de vuelo y conocidos los lugares preferidos de su pájaro, le bastará con colocar debajo una hoja de periódico o una bandeja para poder eliminar sin mayores problemas las feas manchas de excrementos después de cada salida, pues los canarios no buscan un sitio para sus necesidades fisiológicas.

Como es natural, deberá tener también cuidado de no poner al alcance del canario sustancias tóxicas de uso doméstico, como productos de limpieza, cosméticos, medicamentos y alcohol.

Los jarrones y otros recipientes con aberturas estrechas son otras tantas fuentes de peligro, pues el pájaro cae con

Por más importante que sea para un canario el vuelo en libertad, no le deje volar nunca solo y sin vigilancia.

facilidad en su interior, pero no es capaz de librarse por sus propias fuerzas. Los cajones abiertos pueden convertirse también en una trampa mortal, si, por descuido, encierra en ellos a su canario y no lo vuelve a liberar a tiempo.

Puesto que la mayoría de los canarios son unos bañistas apasionados, los jarrones y baldes con agua o un acuario sin cubrir son también peligrosos. Más de un pajarillo se ha ahogado en ellos lastimosa y rápidamente. Así pues, aunque su canario sea completamente dócil, no le deje volar en libertad sin vigilancia. Al fin y al cabo, es un ser diminuto que pasa fácilmente inadvertido y han sido muchos los pájaros domésticos gravemente heridos por una puerta al cerrarse, por un pisotón o por haber caído en la lavadora.

Si es usted dueño de un gato o un perro, no se exponga a ningún riesgo. Algunos animales realmente bien educados no pueden resistir a veces la tentación de lanzar un mordisco o hacer uso de sus garras cuando el diminuto volátil aterriza cerca de ellos. No confíe en el instinto de huida del pájaro. Su canario confía plenamente en usted, ha abandonado hace tiempo su cautela y está convencido de que no le puede pasar nada estando a su lado. Deberá, pues, encerrar al gato y al perro cuando libere al canario.

UNAS PALABRAS SOBRE LA CRIANZA

La cría del canario es toda una ciencia y en este libro no se pretende abordar en detalle el conjunto de problemas relacionados con ella. Si tiene la ambición de criar sus propios canarios pensando en el canto, el color o la postura, deberá hacerse miembro de una asociación y adquirir libros especializados sobre razas y tipos de color, factores hereditarios y genética. Tampoco basta con dejar que una pareja críe sus pollos. Deberá juntar dos ejemplares cuidadosamente adaptados procedentes de una línea de crianza. El presente libro se dirige a los que desean una o dos nidadas al año y a aquellos a quienes la casualidad ha concedido una pareja dispuesta a incubar o que, por falta de tiempo, han agraciado a su pájaro solitario con una compañera y deben contar con la presencia de polluelos.

Estos criadores aficionados habrán de tener en cuenta de antemano que los pollos necesitan un espacio para venir al mundo, que el número de pájaros jóvenes podrá ser de ocho o más por año y que durante el periodo de incubación deberán dedicar a sus canarios algo más de tiempo que el habitual. La recompensa por ese esfuerzo adicional no se hará esperar: observar a un macho comportándose como un tórtolo, a una hembra en la construcción del nido y estar presente cuando los amantes padres preparan a sus pollos para la vida, proporciona tanta alegría como el espectáculo de estos en su desamparo, sus demandas y sus primeros intentos de vuelo y canto.

CONDICIONES PREVIAS PARA LA CRIANZA

Para que la crianza se desarrolle sin problemas, la jaula debería tener unas dimensiones mínimas de 80 x 60 x 40 cm.

67

Como ayuda para la nidificación podrá comprar en la tienda especializada nidos de barro, alambre o plástico, que se colgarán dentro o fuera (en cuyo caso irán cerrados por una rejilla). Cuanto más altos se coloquen los nidos en la jaula, tanto más rápidamente serán aceptados por la hembra, pues le parecerán más seguros.

El periodo de incubación de los canarios se inicia en febrero o marzo, cuando el macho comienza a cantar. No coloque el nido antes de ese tiempo. Introduzca en la jaula hilachas y algunas pajas y hierbas como materiales auxiliares para la nidificación. En teoría, el macho acompañará ahora a la hembra con sus cantos. Pero hay también pájaros locos de amor por su canaria que no la dejarán en paz, revoloteando constantemente sobre ella y llegando incluso a herirla. En tal caso deberá introducir al macho en una segunda jaula, ponerlo al alcance del oído de la hembra y esperar hasta que esta haya avanzado en la construcción del nido. Luego, podrá dejar al fogoso amante que se le acerque. La pareja armonizará en cuanto el macho ofrezca comida a su pareja y esta la acepte.

PUESTA E INCUBACIÓN

El macho revoloteará sobre su hembra varias veces a lo largo de una semana y, un buen día, esta se quedará quieta cerca del nido o dentro de él: la puesta será inminente.

La hembra del canario doméstico incuba ya desde el primer huevo, mientras que la canaria de monte comienza a incubar tras la puesta del último. Esto significa que los pollos no nacen al mismo tiempo, sino según los intervalos de la puesta. El primero será siempre el que más abrirá el pico y la madre lo alimentará, por tanto, mejor, lo que supone una segura condena a muerte para los pollos salidos más tarde del cascarón.

Para impedirlo, deberá retirar del nido los tres primeros huevos –preferiblemente por la mañana, entre las 7 y la 9– y cambiarlos por huevos artificiales que puede adquirir en la tienda de animales. Deposite con cuidado los huevos auténticos en una caja forrada de algodón que no deberá sufrir sacudidas. Solo cuando la hembra haya puesto su cuarto huevo, volverá a cambiar los huevos artificiales por los auténticos. Ahora, todos los huevos serán incubados al mismo tiempo y los pollos eclosionarán a la vez al cabo de 13-14 días de incubación.

Durante esos días, el macho alimentará diligentemente a la hembra. En este periodo debería mezclar ya la dieta de crianza, comprada en la tienda especializada, con la comida habitual a fin de acostumbrar a ella a los pájaros mayores.

LA CRIANZA DE LOS POLLOS

El macho sigue suministrando comida a la hembra una vez que los pollos han salido del huevo, hasta que, pasados unos ocho días, esta abandona por primera vez el nido y se dispone a buscar alimento por su cuenta. Observe en ese momento el estado de los polluelos y retire los huevos sin fecundar o –como ocurre a veces– los pollos muertos. Las crías están desnudas y podrá comprobar que tienen los buches repletos de la alimentación de crianza. Es recomendable retirar el baño durante los primeros días siguientes a la eclosión y poner solo un poco de dieta verde, a fin de impedir que los pollos se empapen y protegerlos de posibles diarreas. A partir del octavo día, aliméntelos, sin embargo, con tanta variedad y abundancia como sean necesarias, pues los pequeños exigen mucha comida. La dieta de semillas germinadas, verduras, agua potable enriquecida con vitaminas y alimentos proteínicos favorece notablemente su desarrollo.

Los pájaros jóvenes se desarrollan con rapidez y, a los 14 días, los diminutos seres desnudos han crecido hasta convertirse en una bola de plumas. Como ahora son alimentados por los dos padres, aumentan enseguida de tamaño y pronto la jaula se halla a reventar. Al principio, los padres limpian de excrementos el suelo del nido, pero a medida que crecen los jóvenes les resulta imposible seguir haciéndolo. Aunque los pequeños depositan sus excrementos en el borde del nido, es casi inevitable que algunos restos queden adheridos en él. Intente retirar con regularidad esos restos por motivos de higiene, causando a los pájaros las mínimas molestias.

LA SEGUNDA PUESTA

A partir del día 14 debería colgar de la jaula un segundo nido, prefabricado ya con hilas y pajas. El macho vuelve a cubrir ahora a la hembra y esta comienza su segunda incubación. No tema; los polluelos «mayores» seguirán siendo atendidos y alimentados. Por lo general, se cuidará de hacerlo el macho solo, que alimentará al mismo tiempo a la hembra, ocupada en acondicionar el nido y poner los huevos. No olvide, sin embargo, cambiar también en esta segunda nidada los tres primeros huevos y no devolverlos

hasta que se haya puesto el último. Si no ofrece a los padres un segundo nido, echarán del primero a los pollos jóvenes, pues necesitan sitio para la nueva puesta. Los polluelos, inmaduros y con un plumaje incompleto, saltarán por el suelo de la jaula en un estado de notable impotencia. Seguirán recibiendo la atención de sus padres, pero ya no prosperarán tan bien como en el nido. Una pareja armoniosa sacará adelante las dos puestas con toda garantía. Pero también puede ocurrir que el macho moleste de tal modo a la hembra que apenas tenga tiempo para alimentar a las crías. En ese caso, sáquelo de la jaula durante el día y conceda un poco de descanso a la madre agotada por partida doble.

Los criadores recurren a veces al método del apareamiento cíclico, por el cual un macho cubre a varias hembras a la vez. Para ello se le introduce en la jaula respectiva solo para aparearse. Las madres se encargan de la crianza de los pollos por sí solas. El apareamiento cíclico supone para las hembras una gran fatiga corporal. Con este método, no se les deberían exigir más de dos nidadas por año pues, de lo contrario, corren el riesgo de morir por agotamiento.

LOS POLLUELOS SE HACEN VOLANDEROS

En torno a los 20 días de edad, los pájaros jóvenes inician sus primeros intentos de comer solos. Cuanto más variada sea la dieta ofrecida, menos problemática será luego su alimentación, pues también los canarios son animales de costumbres. Lo que conozcan ahora sabrán apreciarlo así mismo más tarde. En la búsqueda de comida se guiarán por lo aprendido de sus padres y picotearán todo cuanto haya sido objeto del interés del pico paterno. Cuando un animal adulto se aproxime a un polluelo, este se erguirá, batirá los muñones de las alas y solicitará comida piando, aunque ya coma por su cuenta.

Los jóvenes se piden incluso unos a otros, sin éxito, por supuesto. Las plumas de la cola, inexistentes aún al abandonar el nido, irán creciendo ahora poco a poco. Al cabo de unas cuatro semanas, después de que esas plumas hayan alcanzado una longitud de aproximadamente 2 cm, se podrá llevar a los pollos a su propia jaula. En cualquier caso, deberán ser retirados, a más tardar, cuando el padre comience a atacar a los machos jóvenes. Realizadas dos puestas, retire todos los nidos de la jaula de los animales adultos para impedir que la hembra realice una nueva puesta. Los pájaros necesitan ahora un tiempo de recuperación y, además, pronto se iniciará la muda, que coincidirá con el primer cambio de pluma de los polluelos. Cuando la muda esté a punto de concluir, los machos comenzarán a cantar y podrá oír si entre sus pájaros jóvenes hay algún canario macho. En tal caso, acabada la muda, seguirán en sus estu-

dios de canto lo que haga el padre y cantarán a porfía con él. Permítase el placer de experimentar la conversión de sus torpes sonidos en una melodía tartamudeante e insegura y cómo, finalmente, tras haber practicado con ahínco, el pequeño canta ya casi tan bien como su progenitor.

Piense que los machos de los canarios necesitan su propio territorio. Poco antes de concluir el año, deberá separar sin falta los machos jóvenes, si no quiere peleas. Si es posible, no ponga como pareja a dos hermanos. La endogamia puede hacer que se impongan factores hereditarios letales y que los polluelos de la siguiente generación no sean viables.

PERSPECTIVA GENERAL

La primera nidada suele ser a menudo lo que convierte a un aficionado en un criador apasionado de canarios.

En efecto, puede ocurrir que los pájaros jóvenes se presenten tras su primera muda con un ropaje de plumas sorprendente, con tonos de color diferentes de los de los padres y, quizá, con dibujos que usted no ha visto todavía o, incluso, con moño. No obstante, en ese mismo momento en que se sienta poseído de orgullo, deberá informarse a fondo sobre los factores genéticos, antes de continuar en serio con la cría de canarios.

CUANDO LOS PÁJAROS ENFERMAN

¿QUÉ HACER EN CASO DE ENFERMEDAD?

Su canario puede enfermar por más higiénico que sea su cuidado y por excelente que sea su alimentación. Sin embargo, cuanto mejor conozca a su pequeño cantor, antes se dará cuenta de las desviaciones de su conducta normal. Los pájaros manifiestan siempre muy tarde auténticos síntomas patológicos. Observe, pues, con regularidad sus excrementos, ya que su aspecto acuoso podría apuntar un primer indicio de enfermedad.

Otras señales de alarma son:
* el plumaje ahuecado,
* la apatía,
* una necesidad de sueño desmesurada,
* la pérdida de apetito,
* una respiración jadeante,
* el rechazo total de comida y agua.

Ni siquiera el veterinario y el criador podrán establecer con facilidad un diagnóstico correcto, que resultará casi imposible para un profano en la materia. No intente, pues, en modo alguno, tratar al pájaro por su propia cuenta antes de haber pedido consejo a un veterinario. Como primera medida, deberá procurar que el pájaro reciba calor suficiente, a fin de que no se debilite todavía más.

Los criadores suelen disponer de una jaula especial para pájaros enfermos que, naturalmente, también usted puede adquirir, si posee varios pájaros. Pero en la mayoría de los casos deberá buscar remedios «caseros». Caliente la jaula con una lámpara de sobremesa (40 W), para que, cuando esté necesitado de calor, el pájaro pueda retirarse a un rincón sobre el que alumbre la bombilla caliente, teniendo así también la posibilidad de evitar ese lugar.

En caso de diarrea, una muestra de las heces facilitará el diagnóstico al veterinario. Para obtenerla, vacíe completamente el suelo de la jaula, retire también la arena y cubra la base con una capa de papel de escribir. En cuanto el pájaro haya depuesto sus heces, tome el papel y retire los excrementos con un cuchillo. Seguidamente, podrá llevar al veterinario la muestra en un tarro de cristal limpio o en un tubito de pastillas ya usado. Lleve siempre al veterinario, además, una muestra de agua y comida y, a ser posible, otra más de la capa que cubría el suelo antes de la enfermedad.

También tendría que llevar consigo la jaula. No obstante, no debería transportar en ella al canario, pues el aleteo del animal excitado lo debilitaría por añadidura y no sobreviviría, quizá, al traslado.

Así pues, coloque a su paciente en una caja pequeña y oscura que le impida revolotear pero permita el paso del aire. Si sigue conservando la caja donde lo compró, le hará un buen servicio.

En días fríos o lluviosos, debería procurar que el animal tuviera suficiente calor durante el transporte. Introduzca la caja en una cesta cuyo fondo esté suficientemente caldeado por una botella o bolsa de agua caliente envuelta en paños.

En las páginas siguientes podrá encontrar las enfermedades más importantes y frecuentes en los canarios.

ENFERMEDADES MÁS FRECUENTES: síntomas y causas

ASPERGILOSIS

Son signos de esta micosis la respiración difícil y jadeante y el adel-
gazamiento, a pesar de una alimentación suficiente. La causa principal de la aspergilosis es el enmohecimiento de la comida. Si no se tratan,
los hongos pueden multiplicarse con
rapidez en los pulmones y el intestino
y provocar la muerte del paciente.
Como medida preventiva, debería
procurar que los alimentos tengan un
aspecto lustroso, no lleven demasiado
tiempo almacenados y no se conser-
ven nunca abiertos por un periodo
muy largo. El calor y la humedad
favorecen la formación de hongos. El
veterinario podrá remediar la enfermedad, si se reconoce a tiempo. Para
evitar nuevas infecciones, deberemos
desinfectar además a fondo la jaula y
todos sus utensilios.

ENFERMEDADES DE LOS OJOS

La mayoría de las veces se trata solo de
una conjuntivitis leve motivada por
alguna corriente de aire que provoca
lagrimeo y adherencia de los ojos.
Podremos acelerar la curación con una
solución de manzanilla.

Si los síntomas patológicos no desa-
parecen pasados dos días, debería pensar en una infección bacteriana o vírica
y acudir al veterinario.

DIARREA

Los cambios de temperatura, la comida enmohecida y las emociones súbitas suelen ser a menudo causa de diarreas leves. Unos buenos primeros auxilios consisten en suministrar al canario en el agua de beber un poco de carbón para pájaros y algo de manzanilla. Al mismo tiempo debería mantener a su canario caliente, para que no consuma demasiadas energías.

No obstante, si la diarrea no cesa en un plazo de 48 horas, debería acudir sin falta al veterinario. El pajarillo perderá de lo contrario demasiados líquidos y minerales. Una muestra de heces facilitará el diagnóstico al veterinario y permitirá tratar apropiadamente al pájaro.

OBESIDAD

La alimentación sobreabundante y demasiado rica en grasas (pipas de girasol, cañamones) y la falta de movimiento provocan a menudo sobrepeso en el canario.

Las consecuencias son la inactividad apática y un vuelo torpe que puede llegar a la incapacidad para volar debido a la debilidad muscular y al peso excesivo.

Los canarios demasiado obesos dejan de cantar y respiran con dificultad en casos especialmente graves.

En tales casos, someta a dieta a su pájaro con prudencia. Cualquier cambio extremo en la alimentación provoca inevitablemente trastornos intestinales; y la abstención total de comida, la muerte.

Los pájaros no deben pasar hambre. Deberá comenzar, por consiguiente, reduciendo muy poco la alimentación acostumbrada y ofrecer, en cambio, a su canario de manera progresiva más nutrientes frescos. Estimule a su pájaro para que vuele, salte y sea más activo. Sin embargo, no le exija demasiado, pues no es posible perder en pocas semanas la capa de grasa acumulada durante muchos meses. Una dieta experimentada con éxito por los criadores consiste en cebolla impregnada en algo de leche y sazonada con semilla de amapola, esparcida por encima.

VIRUELA AVIAR O DIFTEROVIRUELA

Esta insidiosa enfermedad está producida por un virus y provoca por lo general la muerte. En los pájaros criados en solitario no se da casi nunca y los criadores pueden vacunar sus ejemplares contra la viruela. Los síntomas son unos habones en la cabeza, pecho, alas y dedos. Al mismo tiempo, el pájaro padece fuertes dificultades respiratorias acompañadas de esputos viscosos.

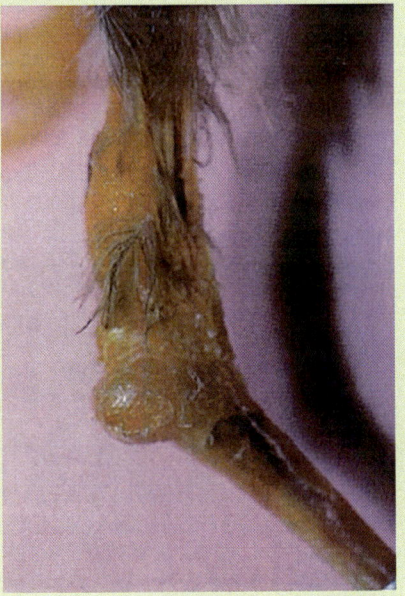

Los nódulos y abultamientos son los primeros indicios de la grave dolencia llamada difteroviruela.

DIFICULTADES EN LA PUESTA

Por desgracia, es cada vez más frecuente la retención de un huevo en el oviducto por la imposibilidad de expulsarlo fuera. Los problemas en la puesta son funestos sobre todo para las hembras jóvenes débiles y enfermas, y para aquellas a las que se incita a criar a menudo. En tal caso, los animales se suelen posar en el suelo con las patas abiertas y producen una impresión de agotamiento. Los movimientos de la cola indican sus esfuerzos para liberarse del huevo. Las causas se han de buscar en una alimentación pobre en calcio, el frío, el tamaño excesivo de los huevos o una disposición genética. Se trata de un caso de auténtica urgencia, pues el intestino queda completamente ocluido impidiendo al pájaro defecar. Es importante un aporte rápido de calor. El veterinario conseguirá mediante masajes que la hembra ponga el huevo.

TRASTORNOS EN LA MUDA

Los canarios mudan de pluma entre julio y octubre, renovando su anterior vestido. La muda no es una enfermedad sino un proceso natural. En canarios sanos y con una nutrición equilibrada se realiza sin problemas.

Sin embargo, cuando un pájaro ha quedado debilitado por excesivas tensiones o una alimentación inadecuada, quizá por una cría adelantada y difícil, pueden producirse trastornos en la muda. El más frecuente es el de la muda lenta. El nuevo plumaje carece de brillo, hay plumas que no se renuevan y algunos pájaros pierden su capacidad de vuelo. El canto, que enmudece durante los meses de muda, no se restablece tampoco en primavera. Ayudará a su pájaro a recuperarse ofreciéndole una dieta rica en minerales, vitaminas y proteínas. Añada a una dieta abundante en verduras y frutas algo de huevo cocido o bizcocho de huevo muy picado, enriquezca el agua potable con una combinación de vitaminas y minerales, y procure que haya suficiente humedad en la habitación. Los pájaros con trastornos en la muda deberían bañarse con la mayor frecuencia posible. Si no lo hace voluntariamente, duche a su paciente enérgicamente una vez al día con un vaporizador para plantas lleno de agua hervida y tibia, pero procure no exponerlo seguidamente a corrientes de aire. En invierno, el aire demasiado seco de la calefacción puede provocar así mismo una interrupción de la muda. Un humidificador o un vaporizador deberían procurar, por tanto, humedad ambiental suficiente.

En muchos canarios solitarios se observa una muda incompleta o el cese del canto al acabar esta. Su causa es una nueva enfermedad de la «civilización»: la obesidad.

INFESTACIÓN DE PARÁSITOS

Un picor constante y el consiguiente rascarse todo el cuerpo son indicio de infestación de parásitos. Cuando el causante de los picores es el piojillo rojo de las aves, su comprobación será fácil. Cubra la jaula con un paño blanco durante la noche y busque en él unos puntitos a la mañana siguiente. Si el pájaro ha sido infestado por el ácaro rojo de las aves, el veterinario le prescribirá unos polvos o un detergente. Pero, al mismo tiempo, deberá desinfectar la jaula y sus utensilios.

Los ácaros de las plumas (malófagos) solo dañan al pájaro cuando está débil, enfermo o sometido a grandes tensiones. El veterinario le prescribirá también unos polvos o un detergente contra estos parásitos.

La acariasis respiratoria está causada por uno de los parásitos más traicioneros. Los posibles indicios son la dificultad respiratoria, el pico constantemente abierto y una indolencia apática. El diagnóstico es extremadamente difícil. El veterinario podrá proporcionar remedio una vez demostrada la infestación.

Los causantes de la roña de las patas son también ácaros. Los parásitos se asientan entre las escamas y causan en las patas un prurito insoportable del que el pájaro intenta defenderse sacudiéndolas o picoteándolas constantemente. Para liberar al pájaro de los picores podrá recurrir a una pomada especial preparada por su veterinario.

LESIONES

Durante los vuelos en libertad por la habitación o cuando el pájaro aletee excitado en la jaula, puede producirse alguna lesión. Solo podremos proporcionarle primeros auxilios en caso de lesiones leves, mientras que las fracturas, torceduras y hemorragias graves deberá tratarlas siempre el veterinario.

Si su cantor ha chocado volando contra un cristal y parece trastornado, habrá sufrido, probablemente, una conmoción cerebral. Colóquelo en un cuarto oscuro o cubra su jaula y téngalo algunos días en reposo total. Si jadea tras haberse golpeado contra una ventana, tómelo con cuidado en la mano y masajéele la garganta con dos dedos hasta que respire nuevamente con calma.

Usted mismo podrá detener las pequeñas hemorragias si las embebe con algodón empapado en agua oxigenada o con una solución de cloruro férrico, que puede comprar en la farmacia. En la mayoría de los casos leves no necesitará ni siquiera esto, pues las heridas se curan en los pájaros con rapidez. Si su pájaro sangra, evítele en cualquier caso todo tipo de sobresaltos, pues solo serviría para agravar la hemorragia.

Los anillos de las patas provocan a veces lesiones. Si la pata anillada se hincha o cambia de color, haga que el veterinario retire el anillo. No intente hacerlo usted; solo los criadores experimentados podrán soltar el anillo sirviéndose de una tijera especial. El dueño inexperto de un pájaro se expone fácilmente a fracturar la pata del paciente.

ESTREÑIMIENTO

La falta excesiva de movimiento, la comida grasa o inadecuada o la ingestión de cuerpos extraños pueden provocar estreñimiento. En tal caso, el pájaro se quedará quieto, con el plumaje hinchado y en actitud apática e intentará retirar de la cloaca los excrementos con el pico. Si una dieta verde y una gota de aceite de cocinar no lo remedian, deberá pedir ayuda al veterinario.

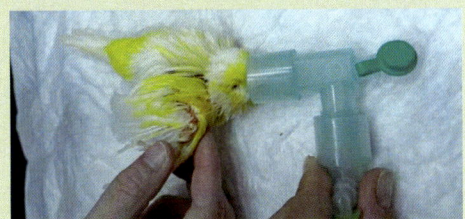

LÍNEAS DE CRIANZA Y RAZAS

Los canarios de canto

Ya sabemos que, desde los primeros tiempos de la cría de canarios, los criadores han tenido criterios diferentes: unos estimularon su voz, otros intentaron crear colores nuevos y otros, en fin, se interesaron por la forma del pájaro. Hasta hoy se conocen más de 130 razas de canarios divididas en tres líneas principales: canarios de canto, de color y de forma o postura. En la cría de los canarios de canto se le concedió mucho valor –según indica su propio nombre– a la interpretación de un canto puro y sin fallos.

American singer (cantor americano)

Se trata de un pájaro peculiar, pues posee un canto hermoso, un plumaje mullido y una postura especialmente buena, de tal manera que parece reunir en sí a un tiempo todas las cualidades de crianza apetecidas. Por desgracia, el american singer sigue siendo aún muy raro fuera de América, su área de crianza.

Waterslager belga

Este pájaro se denomina también canario de Malinas. Es un poco mayor y más fuerte que el roller del Harz, pero de figura similar. Posee un canto de tonos no tan plenos como este, pero, en cambio, más sollozante.

Roller del Harz o canario flauta

Es, sin duda, el canario de canto más conocido y apreciado y recibe también el nombre de roller noble o canario flauta. En el Tirol se los educaba colocando cerca de su pajarera un ruiseñor como preceptor de canto. Los machos jóvenes de todos los tipos de pájaros cantores aprenden a cantar de otros miembros de su especie, casi siempre de sus padres. Los primeros criadores aprovecharon esta circunstancia poniendo al lado de los machos jóvenes a un ruiseñor o un cantor especialmente bueno en vez de a sus progenitores. Las melodías se clasificaron en diferentes estrofas o giros con el fin de hallar pautas para discernir la calidad del canto. Un roller del Harz perfecto canta cuatro giros principales y otros cuatro secundarios, haciéndolo, además, en un orden determinado.

Los giros principales son el «giro hueco», que dio su nombre al pájaro, el «rulo ronco», la «flauta» y el «timbre hueco». Los giros secundarios son el «giro de agua», el «cloqueo», la «carcajada» y el «giro timbrado».

El «giro hueco» suena como un «ri-ri-ri», «ru-ru-ru», «ro-ro-ro», con sonido de «r» doble. En el «rulo ronco», un cantor sin fallos ha de interpretar los sonidos que van de «ro-ro-ro» a «kurr». La «flauta» suena como un «di-di-di» o «du-dudu», y el «timbre hueco» se podría transcribir como un «li-li-li» o «lo-lolo». Mediante una selección constante –es decir, tomando como preceptores o para la reproducción a machos que fueran intérpretes irreprochables–, se ha alcanzado con el paso de los siglos una gran perfección en los canarios de canto, que son, así, capaces de trinar giro tras giro durante varios minutos en el orden apetecido y sin fallos.

Si desea el lector escuchar alguna vez a una estrella del canto realmente perfecta, será preferible que asista a uno de los muchos certámenes para canarios de canto que se celebran todos los inviernos en muchos lugares. En distintas ciudades existen asociaciones de canaricultura donde podrán informarle. El dueño de un canario no necesitará impartir al suyo ninguna lección, pues habrá concluido los estudios en su juventud y dominará ya sus «giros».

Timbrado

Este pájaro procede de España y domina especialmente bien el giro «timbre». El timbrado se crio a partir del canario flauta, canarios monteses y descendientes de los primeros canarios domésticos. En la actualidad se le aprecia especialmente en EE. UU., además de en su país de origen.

Los canarios de color

La segunda gran línea de crianza es la de los canarios de color. Hoy en día contamos con más de cien tonalidades. Estos pájaros cantan también, por supuesto, pero en las exposiciones se otorga más valor a sus colores sin tacha que al canto. Hay canarios de color blanco, amarillo, naranja, rojo y verde, hasta marrones y grises. A ellos se suman los manchados, los de color pastel y ejemplares de colores intensos.

Un subgrupo de la cría de canarios de color es la de los mestizos, que en la actualidad solo se permite con una licencia especial. Para criar un mestizo, se aparea una hembra de canario con un macho silvestre de otra especie, consiguiendo así nuevas coloraciones.

El canario pertenece a la inmensa familia de las aves canoras y, dentro de esta, al género de los pardillos o los camachuelos, que reciben el nombre científicos de carduélidos. El canario se puede cruzar con la mayoría de las especies de su género, aunque no lo haga en libertad.

Al género de los carduélidos pertenecen, por ejemplo, el jilguero, el lúgano, el camachuelo común, el pinzón, el verderón, el piquituerto y el verdecillo. Para trasladar genes de esta plétora de especies a los canarios se han apareado hembras de canario con pardillos, jilgueros, lúganos, camachuelos, piquituertos y pinzones. El procedimiento contrario no produce resultados tan buenos pues, mientras que las hembras de canario se estimulan perfectamente con el canto de machos de otras especies, la mayoría de las hembras de las distintas especies de carduélidos se muestran indiferentes al canto de un canario macho. Los canarios de color cuentan entre sus ancestros a otros carduélidos. La cría de las cardelinas ha retrocedido, sin embargo, debido a la protección de las especies animales que prohíbe tomar para crianza pájaros silvestres locales.

En conjunto, los canarios de color se pueden clasificar en cinco grandes grupos:

* Claro
* Melánico
* Ágata
* Bruno
* Isabela.

Claro

Estos pájaros carecen de sustancias melánicas en su plumaje. Las plumas de las alas y la cola no son oscuras, como en los pájaros silvestres, sino de color cáscara de huevo o, incluso, blancas. Existen, además, pájaros A, de cromatismo intenso, y B, no tan intenso. En la actualidad se conocen, en total, 15 especies de color del canario claro.

Negro

Se llaman también melánicos y llevan en sus genes la melanina, pigmento de color oscuro. Estos pájaros tienen alas de color marrón oscuro. Además, en los pájaros melánicos, las patas, pies, garras y pico han de estar coloreados de un tono oscuro. De estos canarios se conocen 21 especies de diferentes colores que van del verde al marrón pasando por el rojo y el amarillo.

Ágata

Estos canarios se caracterizan por mostrar en su plumaje un dibujo especialmente hermoso, con finas rayas verdes. Ese dibujo de sutil veteado les ha valido el nombre del ágata, la piedra

preciosa de color. Sus patas, pies y garras son grises, al igual que la punta del pico. En la actualidad se conocen 18 especies de color, que se presentan con todos los fondos cromáticos.

Bruno

La melanina del pájaro silvestre se ha transformado, por mutación, en color marrón en los canarios brunos. El plumaje aparece ampliamente rayado de color pardo y las alas y la punta de la cola son marrones oscuras. Las patas, dedos, garras y pico de estos pájaros deberían estar teñidos de color marrón. Hoy se conocen 21 especies de color y, como fondo, existen el oro y el marrón plateado.

Isabela

Se asemejan a los pájaros brunos, pero el pardo se ha transformado en ellos en un beige suave. Las patas, dedos, garras y pico son de color carne; se conocen 18 especies de color.

Los canarios de forma

La tercera gran línea de crianza en canaricultura es la de los canarios de forma o postura. En su caso se da gran importancia al tamaño, forma y posición del pájaro, en vez de prestársela al color o al canto. El ancestro de todas estas razas, el «gran canario de Gante», surgió ya en torno a 1680 y sobrepasaba a todos los de su especie con su tamaño de 19 cm. Estaba revestido de un plumaje liso, pero los primeros canarios mostraron muy pronto formas frisadas, surgiendo así los «canarios rizados». A los «gigantes» y a los «rizados» se suman, además, los «gibosos» y los «lisos miniatura». En total, contamos ya con 26 tipos reconocidos de canarios de forma o postura; en las páginas siguientes se presentan los principales.

Es raro encontrar a este tipo de canarios a la venta. Si el lector tiene interés por uno de estos animales, deberá dirigirse a un criador. Si desea criarlos usted mismo, tendrá que comprar sus primeros animales a un criador, quien podrá proporcionarle, además, sugerencias sobre cuestiones genéticas y de herencia. Aquí solo pretendemos dar una visión general de la multiplicidad de formas y colores. Quien desee saber más, deberá informarse acerca de teorías genéticas y adquirir conocimientos sobre los estándares, es decir, las directrices relativas a colores, formas y tamaños de cada raza.

Giboso belga

En el lenguaje popular se le llama también pájaro obrero y pertenece a las razas lisas de cabeza pequeña. Se permiten todos los colores, excepto el rojo; la postura ideal ha de ser la de un «7».

Crested

Mide unos 16 cm; posee una cresta o moño y unas plumas, llamadas «de gallina», que montan sobre las de la cola. Se permiten todos los colores, excepto el rojo. Cuando este mismo pájaro no presenta moño, se llama *crestbred*.

Five fancy

Mide unos 11 cm; se asemeja al gloster consort. Se permiten todos los colores, excepto el rojo.

Fiorino

Canario miniatura, de unos 13 cm; presenta rizos del holandés del norte. Los hay con y sin moño.

Giboso español

Es de unos 18 cm de tamaño; tiene patas débiles y plumosas, y está rizado en el dorso, pecho y flancos. La postura ideal ha de mostrar un «1», con la cabeza inclinada.

Gloster corona

Es un inglés miniatura de solo 11 cm de tamaño. Los hay en todos los colores; cuando carece de moño, se llama *gloster consort*.

Hoso japonés

Esta miniatura se cría en todos los colores, excepto el rojo, y presenta una postura inclinada.

Lancashire

Alcanza los 20 cm, tiene el plumaje liso y se cría con y sin moño. Existe en amarillo o en blanco.

Lizard

Se da este nombre a un pájaro que presenta un dibujo en escamas. El dibujo debe correr uniformemente desde la nuca, pasando por el pecho, y el ejemplar ha de tener, además, un casco monocromo.

London fancy

Este pájaro se hallaba extinguido; no obstante, el autor del presente libro trabaja para criarlo de nuevo. Lo más importante en él es el dibujo. Viene al mundo como pájaro melánico y luego se colorea de amarillo puro, con plumón oscuro.

Milanés

Variante italiana del trompetero parisino, unos 2 cm más pequeño y con rizos aplastados. Solo existe en variantes de color blanco y rojo.

Muniqués

Este pájaro, de unos 16 cm de tamaño; tiene la cabeza pequeña y delgada y debe parecerse a una hoz curvada.

Holandés del norte

Es de unos 18 cm de tamaño y debe presentar una postura erguida. Posee una canastilla de plumas en el pecho y tiene la espalda partida por una raya media.

Norwich

Debido a su forma, se le llama también «pájaro huevo». Además de su figura de huevo de ganso, este inglés tiene una cabeza poderosa y redonda y pertenece a una de las razas más dóciles.

Paduano

Mide unos 18 cm y presenta, además del plumaje rizado, un moño de plumas característico. Los hay en todos los colores de los canarios.

Trompetero parisino

Se considera el rey de los canarios de forma. Este pájaro rizado, el más antiguo y de mayor tamaño, alcanza unos 20 cm. Su cabeza, pecho, espalda y cola están adornados por plumas rizadas. Existe en todas las variantes, amarillas, verdes y jaspeadas; el único color no deseado es el rojo. Una peculiaridad complementaria es la de sus uñas retorcidas en sacacorchos.

Raza española

Este pájaro de plumaje liso tiene unos 11 cm de tamaño. Se presenta en todos los colores.

Scotch fancy

Llamado también anteriormente *glasgow don*, tiene forma de hoz y un tamaño de 17 cm. Puede presentarse en todos los colores, excepto el rojo.

Holandés del sur

Es algo más pequeño que su hermano del norte. La disposición de las plumas es la misma, pero no tan caracterizada; su posición ha de tener forma de «7», con la cabeza adelantada y las patas rígidas.

Yorkshire

Es de un tamaño aproximado de 17 cm y se cría en todos los colores. Este inglés de aspecto ligeramente jorobado debe tener mejillas abultadas, cejas y un pico pequeño.

Títulos publicados en esta colección

Hámsters dorado y enano
Hurones
Husky siberiano
Iguanas
Jack russell terrier y
  parson russell terrier
La alimentación de
  su pájaro
La conducta canina
La salud de tu caballo
La salud del acuario
La salud del perro
La psicología de tu perro
Labrador retriever
Lagartos en terrario
Leishmaniasis canina
Lhasa apso
Loros, papagayos y
  periquitos
Maltés
Mastín del Pirineo
Mastín español
Mastín napolitano
Medicina natural para
  perros y gatos
Mi perro envejece
Mi primer perro
Mi primer poni
Montaña de
  los Pirineos
Mushing - El deporte de
  los perros de trineo
Nanoacuarios

Pájaros exóticos
Pastor alemán
Pastor de Brie
Pastores belgas
Peces disco
Peces dorados
Peces payaso y anémonas
  de mar
Peces tropicales
Pequinés
Perdiguero de Burgos
Periquitos
Perritos de las praderas
Perro adoptado feliz
Perro de agua español
Perro de salvamento
Perro mestizo
Perros nórdicos
Perros sanos, dueños
  felices
Petauros del azúcar
Pinscher miniatura
Pirañas
Plantas tóxicas para
  perros y gatos
Podenco andaluz y
  maneto
Pomerania
Primeros auxilios. La
  salud de tu perro
Ranas y sapos
Ratonero bodeguero
  andaluz

Ratones y ratas
  domésticos
Razas pequeñas
Rottweiler
Salamandras y tritones
Salto de obstáculos
Samoyedo
San bernardo
Schnauzer gigante
Schnauzer miniatura
Serpientes
Serpientes del maizal y
  otras ratoneras
Serpientes rey y falsas
  corales
Setters inglés y gordon
Setters irlandeses
Shar-pei y mini-pei
Shih tzu
Teckel
Tener un caballo
Terranova
Terrario
Terrier
Tortugas
Tu mascota, fuente de
  salud
Últimos años de mi perro
West highland white
  terrier
Whippet
Yaco o loro gris africano
Yorkshire terrier